누구나
쉽고 재미있게

사고력 수학

노크

A7
(8~9세)

입체도형

이 책을 보시는 부모님들께

머리가 좋아야 수학을 잘 한다는 말이 있습니다. 또, 수학을 잘 못하는 아이는 아빠, 엄마의 머리를 물려받아서 그렇다는 등의 난데없는 유전자 논쟁이 벌어지기도 합니다. 하지만 많은 사람들의 일반적인 생각과는 달리 이는 근거없는 이야기입니다. 외국의 한 연구 기관에서 언어, 사회, 수학, 과학의 네 가지 분야 중 어떤 것이 아동의 선천적 재능에 영향을 받는지 조사한 연구 결과를 발표했는데 일반적인 예상과는 다르게 선천적 재능에 영향을 받는 순서는 사회, 언어, 과학, 수학 순이었습니다. 다시 말해, 수학은 여러 학문 분야 중 선천적인 재능보다는 후천적인 환경이나 교육자, 학습자의 노력에 가장 큰 영향을 받는 학문이라 볼 수 있습니다. 수학의 가장 기본이 되는 '수 영역'의 예를 들어 보겠습니다. 아이들이 수를 처음 접하는 시기의 차이는 있지만 실제 수에 대한 감각과 수를 다루는 연습은 생활 속에서의 체험이나 다양한 활동, 학습 속에서 이루어집니다. 즉, 수학의 가장 기본이 되는 수는 선천적으로 가진 재능과는 거의 연관이 없으며 자라나면서 어떤 환경에 놓이는지, 얼마나 많이 수를 생각할 수 있는 기회가 있는지, 나이에 맞는 올바른 학습을 만날 수 있는지에 좌우됩니다. 그러므로 아이의 수학적 발달에 문제가 있다면, 그 아이가 누구를 닮아서 그런지, 지능이 떨어지는지를 따질 것이 아니라 수학적 힘을 기를 수 있는 학습 환경을 어떻게 만들어줄 것인가를 고민해야 합니다.

국제영재교육연구소의 랜즐리 소장은 영재의 기준을 마련하기 위해 여러 연구를 시행한 결과, 영재의 공통적인 특징들을 발견하였습니다. 첫째는 115 이상의 지능지수(IQ), 둘째는 창의력(Creativity), 셋째는 동기적 요소라고 부르는 끈질긴 근성과 과제집착력이었습니다. 이들 세 가지 요소 역시 선천적으로 타고 나는 부분도 물론 있겠지만 대부분 후천적인 학습이나 교육 활동을 통해 기를 수 있는 능력이라는 데에 이의를 제기하기는 힘듭니다.

이처럼 수학적 능력은 후천적 학습 환경에 주로 좌우되며, 특히 어린 시절에는 그러한 경향이 더더욱 두드러집니다. 하지만 우리의 아이들을 둘러싼 수학적 환경을 다시 한 번 돌아봅시다. 초등학교를 들어가기 전부터 과도한 학습량과 무의미한 반복 활동, 이후의 수학 학습에 오히려 방해가 될 정도로 무리한 선행 학습 등의 환경은 아이의 수학적 힘을 길러주기보다는 수학에서 가장 중요한 창의적 사고력을 기를 수 있는 기회를 박탈함과 동시에 수학에 대한 흥미를 급속하게 떨어뜨리게 하여 수학으로 문제를 해결하려는 의지, 즉 수학적 동기를 스스로에게 부여하는 것을 불가능하게 만들어 버립니다. 중요한 것은 남들보다 먼저, 그리고 더 많이 수학적 지식을 머리 속에 주입하는 것이 아니라 태어나서부터 누구나 가지고 있는 수학에 대한 관심, 그리고 수학으로 생각하는 힘을 일깨워주는 것입니다.

수학을 잘할 수 있는 힘,

수학적 잠재력은 이미 여러분 아이들의 머릿 속에 줄곧 있어왔습니다. 단지 어떤 아이는 그것을 찾아내어 드러낼 수 있었고, 어떤 아이는 꼭꼭 숨긴 채 평생 드러나지 않을 뿐입니다. 이러한 수학적 잠재력에 대한 참신한 자극 – 생각을 두드리는 '노크'를 제안하려 합니다. '노크'는 수학적 지식과 스킬만을 무리하게 밀어넣지 않습니다. 왜 수학을 해야 하고, 어떻게 수학으로 가능한지 끊임없이 스스로 생각하게하는 계기로서의 활동이 되려 합니다. 일상으로부터 괴리된 학문으로서의 수학이 아닌, 삶을 살아가며 반드시 키워야 할 논리적, 합리적 사고력을 기를 수 있는 누구에게나 가장 중요한 경쟁력으로서의 수학을 주장합니다. '노크'야말로 새로운 수학 학습의 길을 보여주는 방향타가 될 것입니다.

한 현 조

똑!똑! 사고력 수학
노크의 구성

시작 : 생각열기

사고력 수학 주제에 맞는 수학적 상황, 수학사, 생활 속 수학 이야기 등의 자유로운 형식으로 흥미를 유발하고, 수학적 사고를 자극하는 주제별 프롤로그

노크 포인트

문제 해결의 핵심적 원리를 '콕!' 집어서 간결하게 요약한 사고력 수학 주제별 포인트

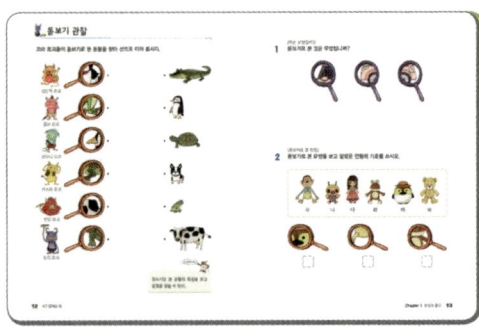

전개 : 유형 탐구

사고력 수학의 대표 유형을 노크만의 새로운 방법으로 차근차근 한 단계씩 익히고 해결하는 단계적 유형 탐구와 이를 통해 익힌 방법적 원리를 적용, 확장하는 확인 문항

갈 생각해 봐!

수학 요정들의 친절한 충고와 꼬마 요괴들의 밉살스럽지만 유용한 조언으로 어려운 발전 문항의 해결을 돕는 문제 해결 도우미 박스

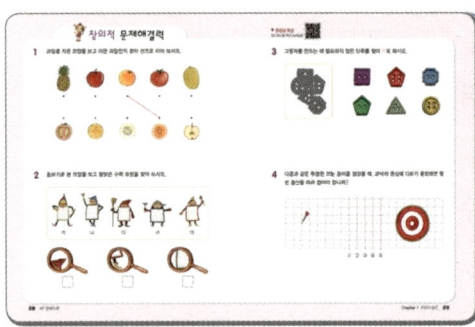

발전 : 창의적 문제해결력

3개의 사고력 수학 주제를 갈무리하는, 한 차원 높은 창의력과 복합적인 사고력을 요구하는 발전 문항의 끝판왕

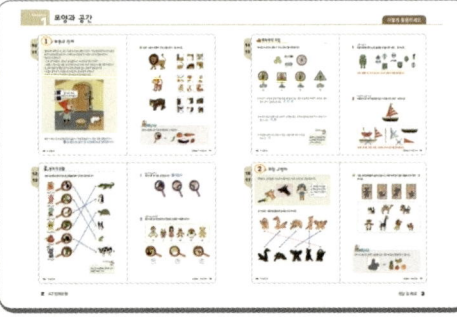

마무리 : 정답 및 해설

본문에 그대로 첨삭된 정답과 간략한 풀이 과정을 통한 사고력 수학 활동 피드백으로 마무리

노크
캐릭터 소개

지식을 되찾기 위해 노크랜드로 떠난 모험가 친구들

일단 저지르고 보는 거야!

난 궁금한 건 절대 못 참아.

침착하게 위기를 벗어나야 해.

생각으로 아주 멀리까지 날아가.

태경
활동파 리더

지오
호기심 공주

초이
조용한 전략가

아인
꼬마 천재

마법사 멀린과 수학 요정

마법사 멀린

노크랜드의 지식의 수호자. 지식을 파괴하려는 대마왕의 음모에 맞서 모험을 떠난 친구들의 든든한 조력자.

아르키메데스

페르마

플라톤

파스칼

피타고라스

가우스

유클리드

오일러

대마왕과 꼬마 요괴

대마왕

노크랜드의 지식의 파괴자. 세계를 차지하기 위해 모든 지식을 없애버리려고 하는 요괴들의 두목.

딴소리

한입

장난

딴짓

멍하니

잠만자

울보

거꾸로

이 책의
차례

CONTENTS

Chapter 1

모양과 공간

부분과 전체

할머니와 함께 숲 속 작은 집에 살고 있는 빨간 모자는 마을에서 돌아오시지 않는 할머니가 걱정되었습니다. 그때 누군가 문을 두드리는 소리가 들렸습니다.

"할머니 오셨어요?"

"그래, 할머니란다. 오늘은 좀 늦었구나. 어서 문을 열어 주렴."

그런데 그 목소리는 평소 할머니와 너무나 다른, 아주 거칠고 무서운 목소리였습니다. 겁이 잔뜩 난 빨간 모자는 문의 걸쇠를 걸고 살짝만 열었습니다.

"정말로 할머니가 맞다면 이 문 틈으로 손을 보여 주세요."

그러자 문 틈으로 쑤욱하고 커다란 손이 들어왔습니다.

빨간 모자는 문 밖을 확인하지 않고도 어떻게 할머니가 아닌 것을 알았을까요?

왼쪽 그림의 부분이 아닌 것을 찾아 ✕표 하시오.

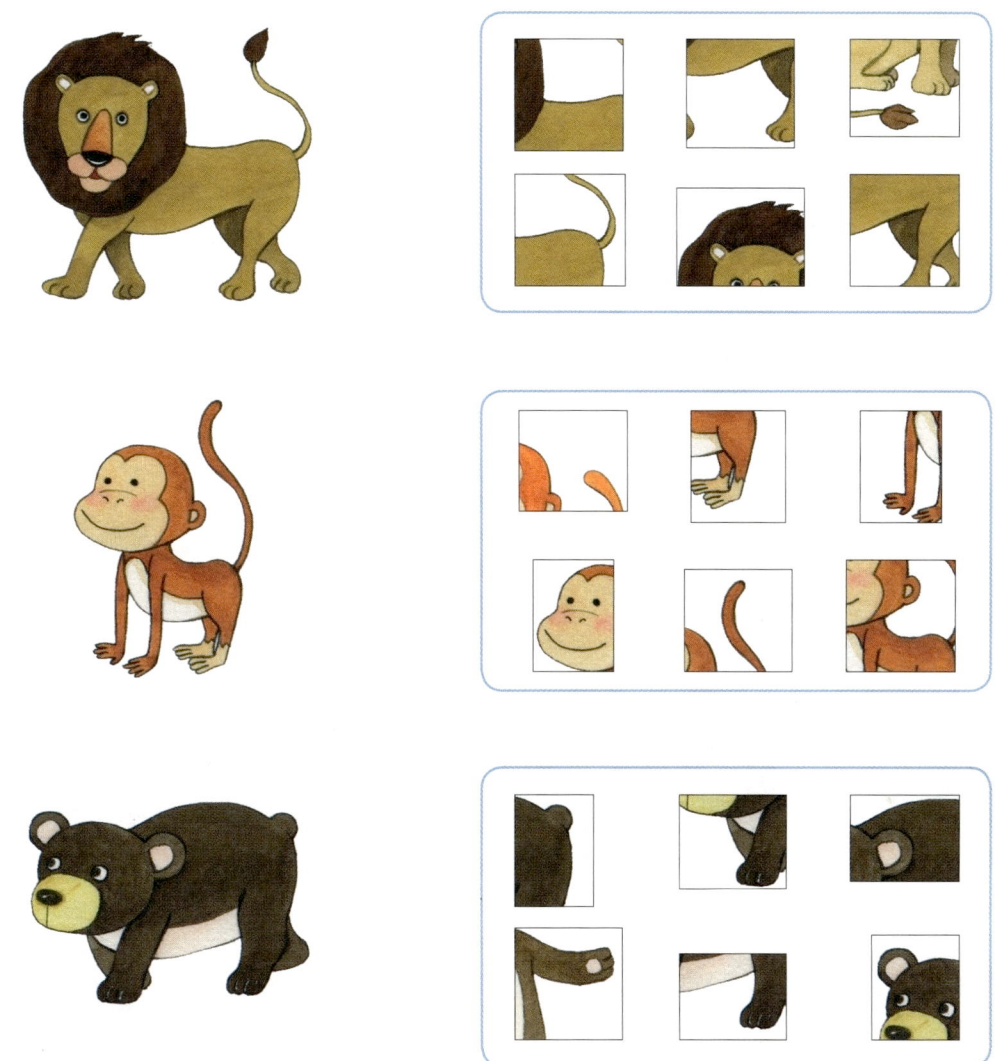

노크 포인트

부분의 특징을 보고 전체 모양을 찾을 수 있습니다.

 # 돋보기 관찰

꼬마 요괴들이 돋보기로 본 동물을 찾아 선으로 이어 봅시다.

잠만자 요괴

울보 요괴

멍하니 요괴

딴소리 요괴

한입 요괴

딴짓 요괴

잘 생각해 봐!

돋보기로 본 동물의 특징을 보고
동물을 찾을 수 있어.

1 돋보기로 본 것은 무엇입니까?

[돋보기로 본 모양]

2 돋보기로 본 모양을 보고 알맞은 인형의 기호를 쓰시오.

 **뚝딱뚝딱 조립**

주어진 조각으로 만들 수 있는 선풍기를 찾아봅시다.

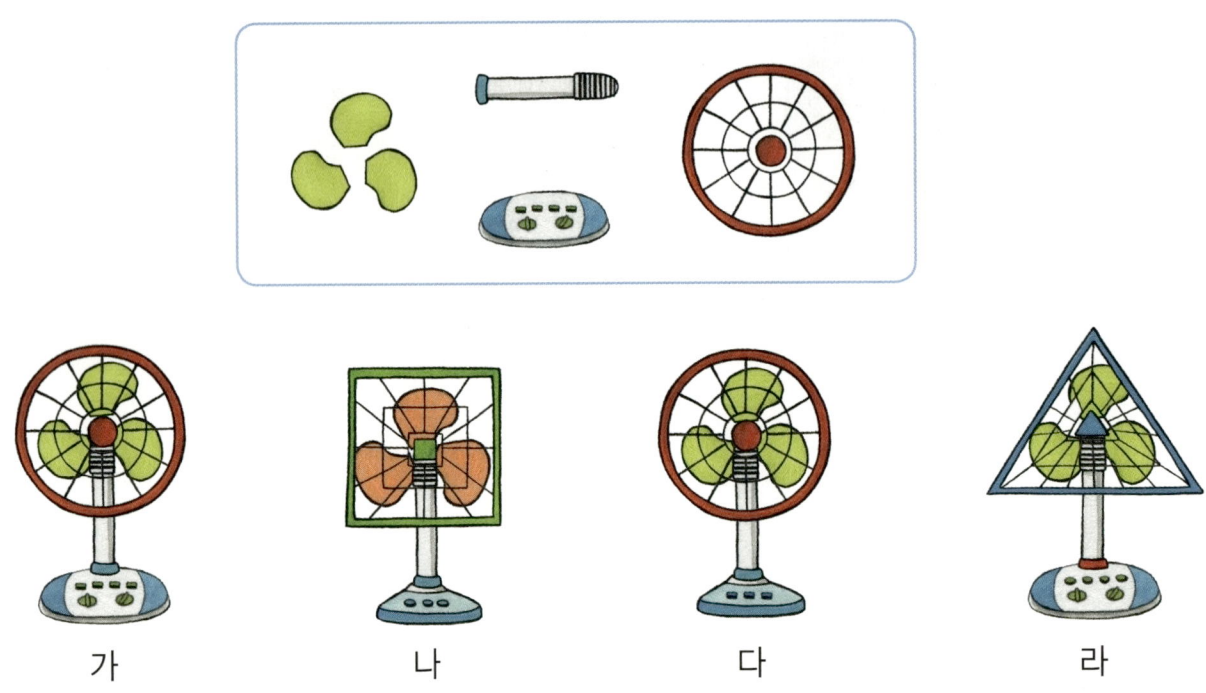

가   나   다   라

❶ 선풍기 조각 중 선풍기를 켰을 때 돌아가는 선풍기 날개의 색깔이 올바른 것을 모두 찾아 기호를 쓰시오.

❷ ❶에서 찾은 선풍기 중 선풍기 날개를 덮는 모양이 올바른 것을 모두 찾아 기호를 쓰시오.

❸ 주어진 조각으로 만들 수 있는 선풍기를 찾아 기호를 쓰시오.

잘 생각해 봐!

올바른 조각을 찾을 때에는 전체를 여러 부분으로 나누어 살펴야 해.

1 다음 로봇을 만드는 데 필요한 조각을 모두 찾아 ⬭표 하시오.

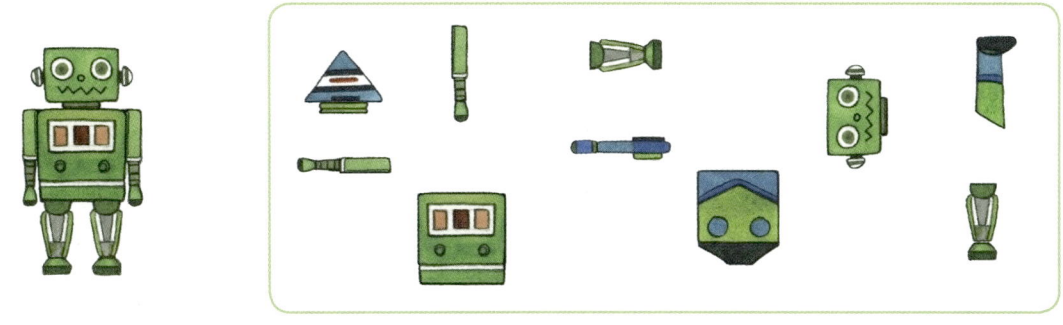

2 배를 만드는 데 사용하지 않는 조각을 모두 찾아 ✕표 하시오.

2 모양 그림자

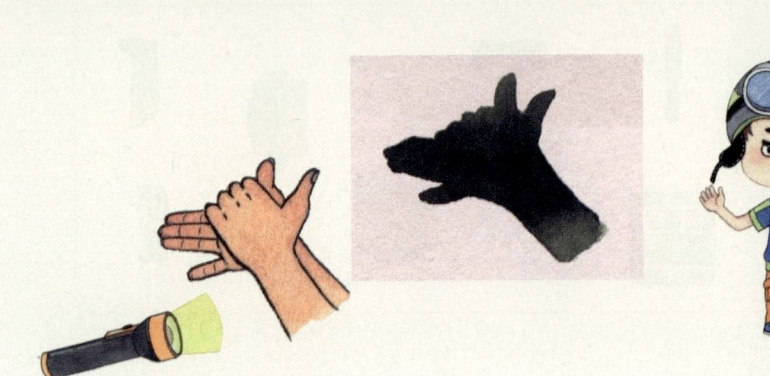

태경이는 손전등을 이용하여 재미있는 동물 그림자를 만들었습니다.

> 손 모양을 손전등으로 벽에 비추면 이렇게 그림자가 만들어지지.

손 모양과 그림자를 알맞게 선으로 이어 보시오.

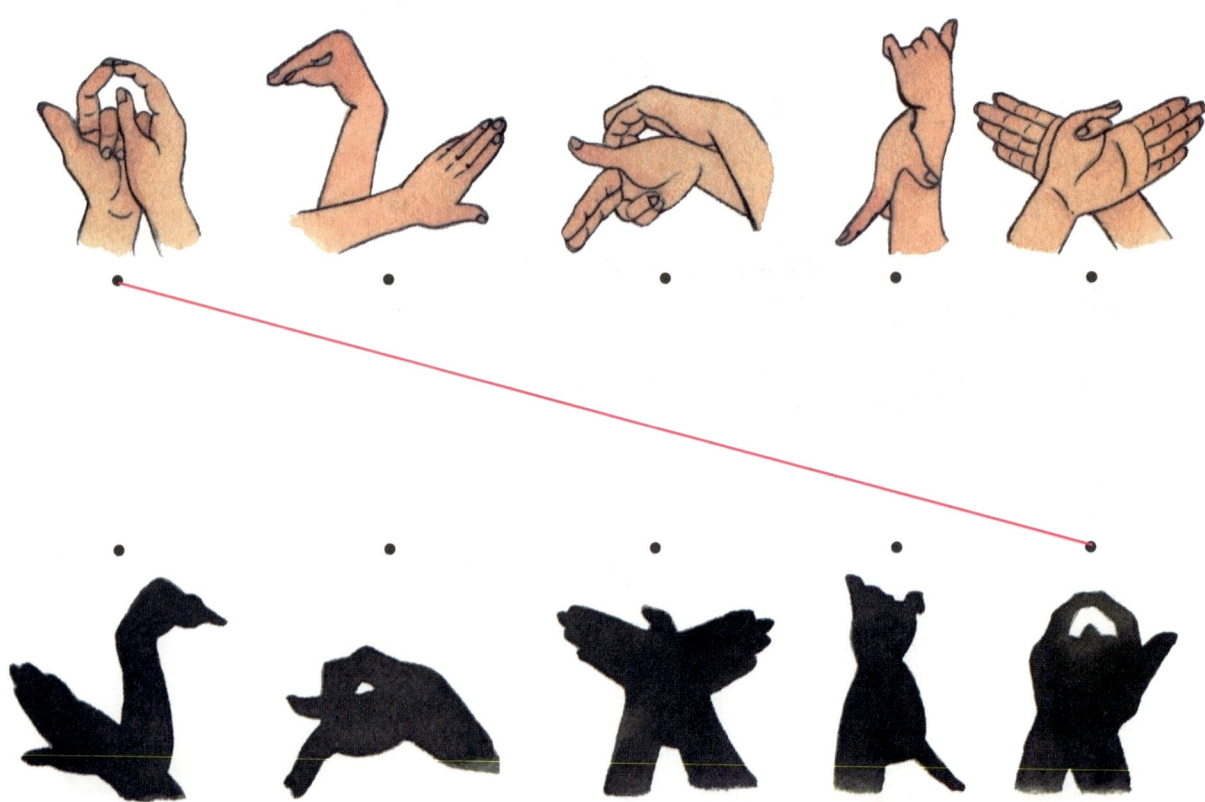

커튼 뒤에 동물들이 숨어 있습니다. 커튼 뒤에 있지 않은 동물을 모두 찾아 ✕표 하시오.

여러 가지 물건이 겹쳐진 그림자를 보고 그림자 속에 있는 물건을 알 수 있습니다.

그림자 맞히기

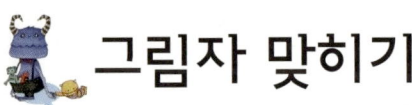

그림자의 일부분을 보고 어떤 동물인지 찾아 선으로 이어 봅시다.

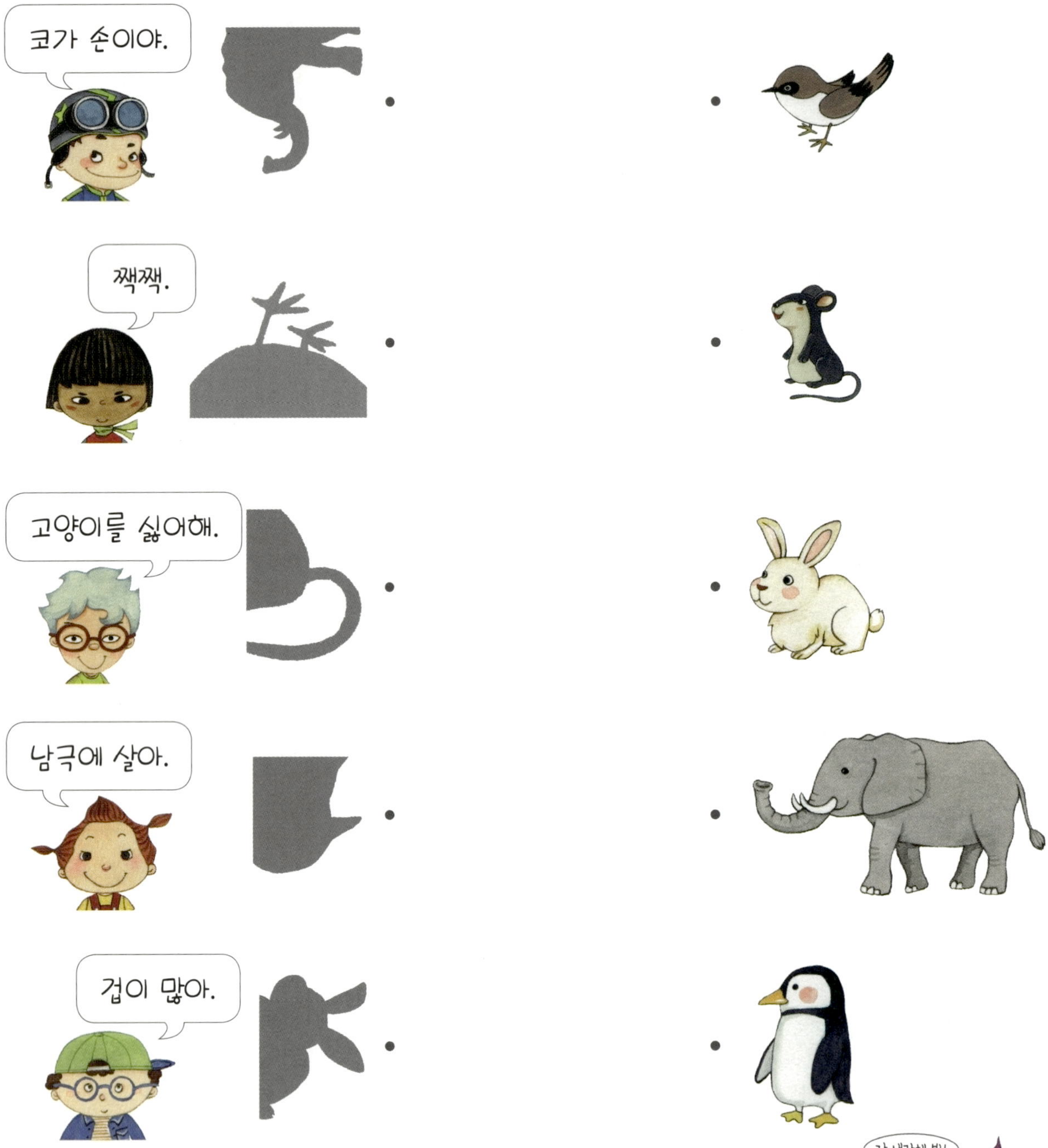
코가 손이야.
짹짹.
고양이를 싫어해.
남극에 살아.
겁이 많아.

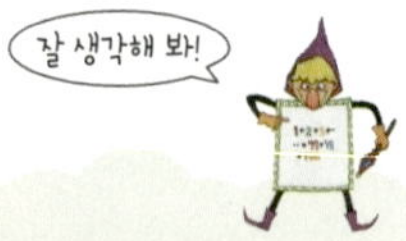
잘 생각해 봐!

어떤 그림자는 동물을 가까이에서 비춘 것이어서 원래 모양보다 더 커. 돌리거나 뒤집은 그림자도 있어.

[모양 젤리 그림자]

1 그림자의 일부분을 보고 어떤 모양 젤리인지 찾아 기호를 쓰시오.

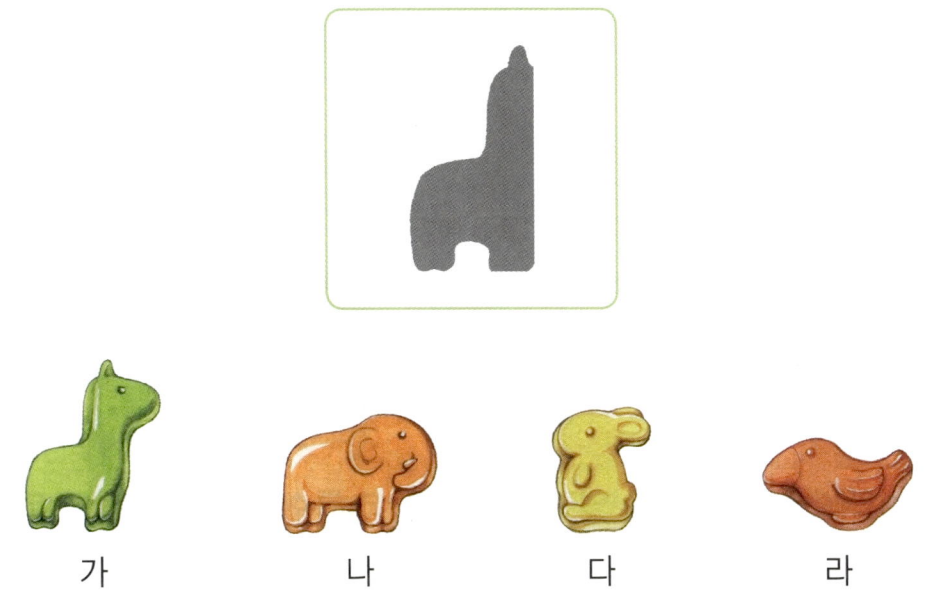

가　　　　나　　　　다　　　　라

[경주마 그림자]

2 오른쪽을 향해 달리고 있는 경주마의 그림자입니다. 가장 앞에 달리고 있는 경주마를 찾아 기호를 쓰시오.

가　　　　나　　　　다　　　　라　　　　마

 # 겹쳐진 그림자

그림자를 만드는 데 필요하지 않은 물건을 찾아봅시다.

가 나 다

라 마

❶ 그림자의 다음 부분은 어떤 모양의 일부분과 같은지 찾아 기호를 쓰시오.

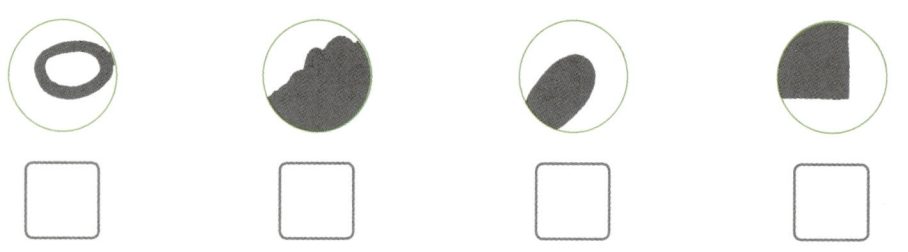

❷ 그림자를 만드는 데 필요하지 않은 물건의 기호를 쓰시오.

잘 생각해 봐!

각 물건의 그림자 모양에서 물건의 모서리 부분을 잘 살펴봐.

1 그림자를 만드는 데 필요하지 않은 것을 찾아 ✕표 하시오.

[필요한 물건]

2 그림자를 만드는 데 필요한 물건을 모두 찾아 ◯표 하시오.

3 투명 그림 겹치기

지오는 텔레비전을 보다가 뉴스를 진행하는 앵커가 항상 화면의 같은 위치에 나오는 것을 보고 재미있는 장난이 떠올랐습니다.

텔레비전에 이렇게 재미있는 붙임 딱지를 붙여놓으면 뉴스 앵커의 얼굴이 정말 웃길 거야!

앵커의 얼굴과 지오가 붙인 붙임 딱지를 보고, 뉴스가 시작할 때 화면에 나오게 될 모습을 찾아 ○표 하시오.

투명 종이 두 장을 겹쳤을 때 나오는 모양을 찾아 ◯표 하시오.

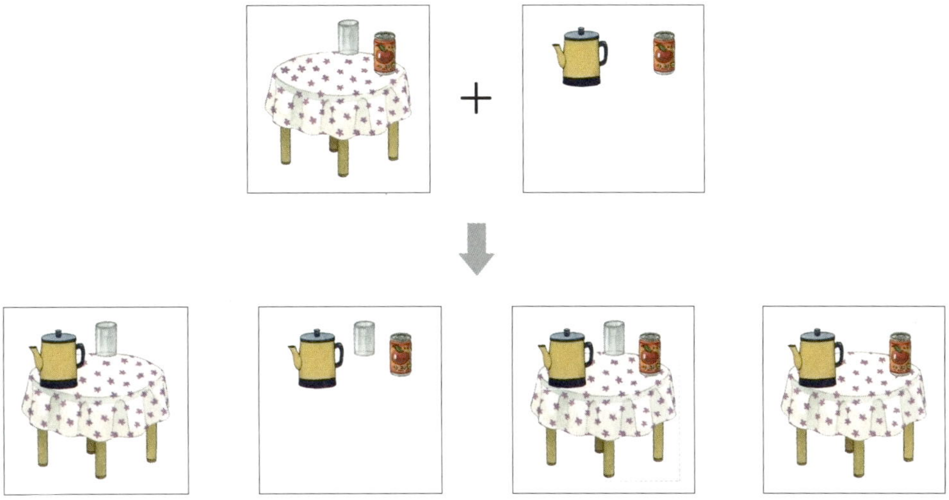

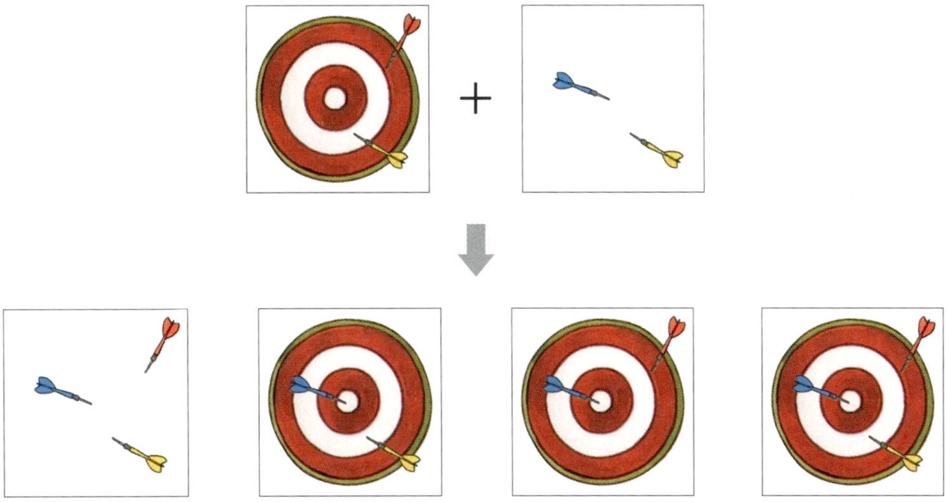

투명 종이를 겹치면 다른 위치에 있는 모양은 함께 보이고, 같은 위치에 있는 모양은 겹쳐서 하나로 보입니다.

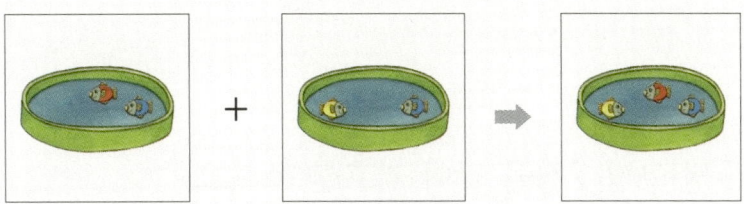

투명 그림 2장을 겹쳐서 오른쪽 물고기 그림을 만들려고 합니다. 겹쳐야 하는 투명 그림 2장을 찾아봅시다.

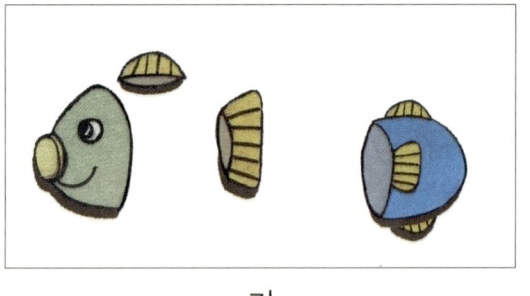

가

나

다

라

❶ 빨간색 물고기를 만들려면 투명 그림 **가**와 다른 투명 그림 하나를 겹쳐야 합니다. **가**와 함께 겹쳐야 하는 투명 그림을 모두 찾아 기호를 쓰시오.

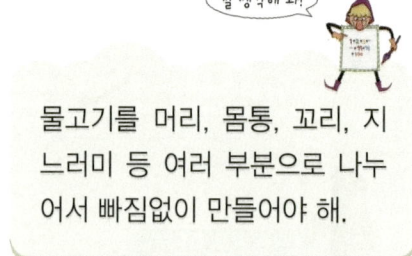

물고기를 머리, 몸통, 꼬리, 지느러미 등 여러 부분으로 나누어서 빠짐없이 만들어야 해.

❷ ❶에서 찾은 투명 그림 중 파란색 물고기를 만들 수 있는 것을 찾아 기호를 쓰시오.

❸ 겹쳐야 하는 투명 그림 2장을 찾아 기호를 쓰시오.

[식탁 차림 완성]

1 오른쪽 투명 그림 2장을 겹쳐서 왼쪽 그림을 만들려고 합니다. 겹쳐야 하는 투명 그림 2장을 찾아 기호를 쓰시오.

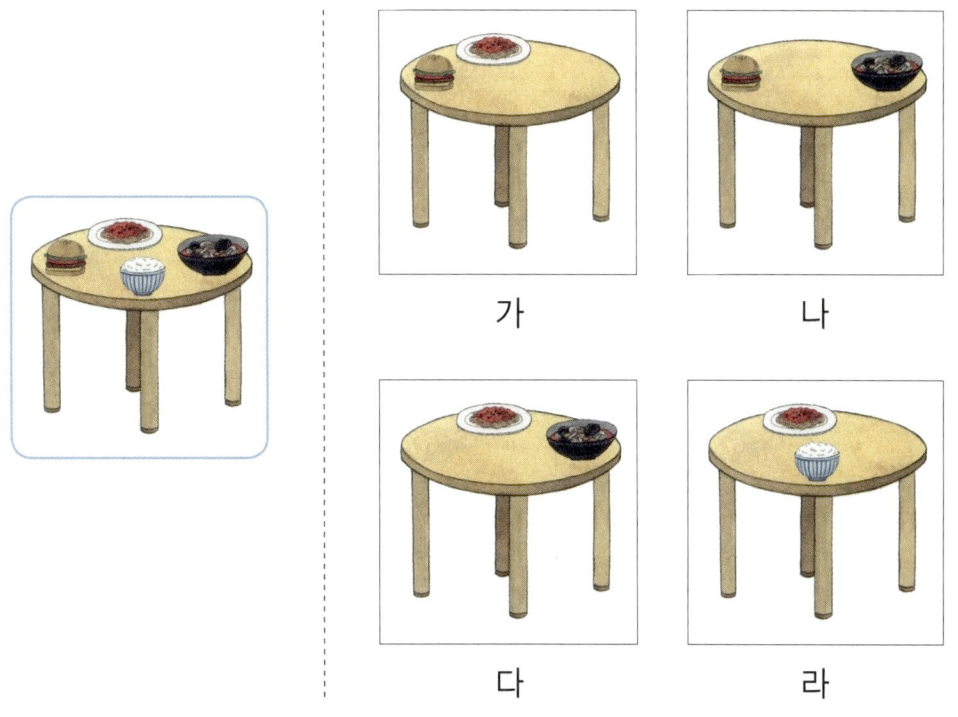

[겹쳐야 할 그림]

2 투명 그림 2장을 겹쳐서 새로운 그림을 만들려고 합니다. 나머지 투명 그림으로 알맞은 것을 찾아 기호를 쓰시오.

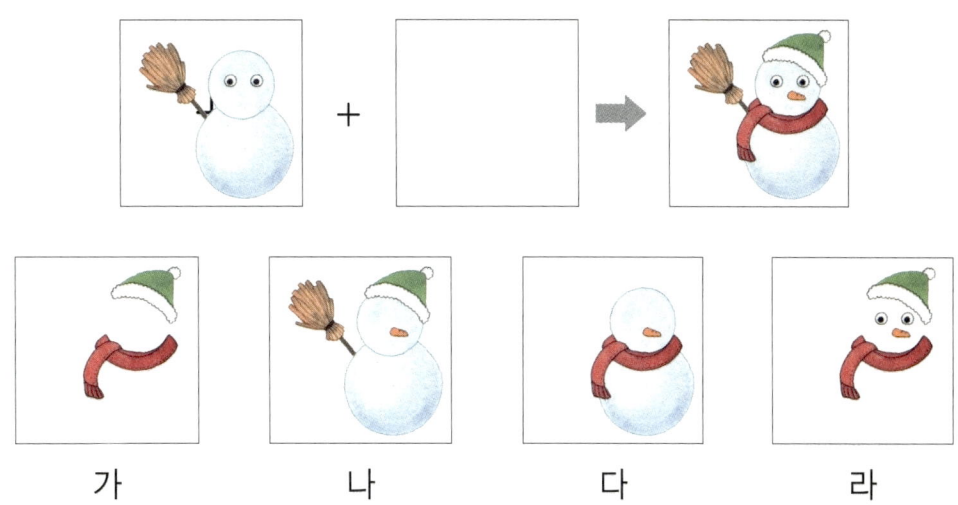

투명 모눈 접기

다음과 같은 투명한 모눈 종이를 점선을 따라 접었을 때, 초이가 들게 되는 풍선은 무슨 색인지 알아봅시다.

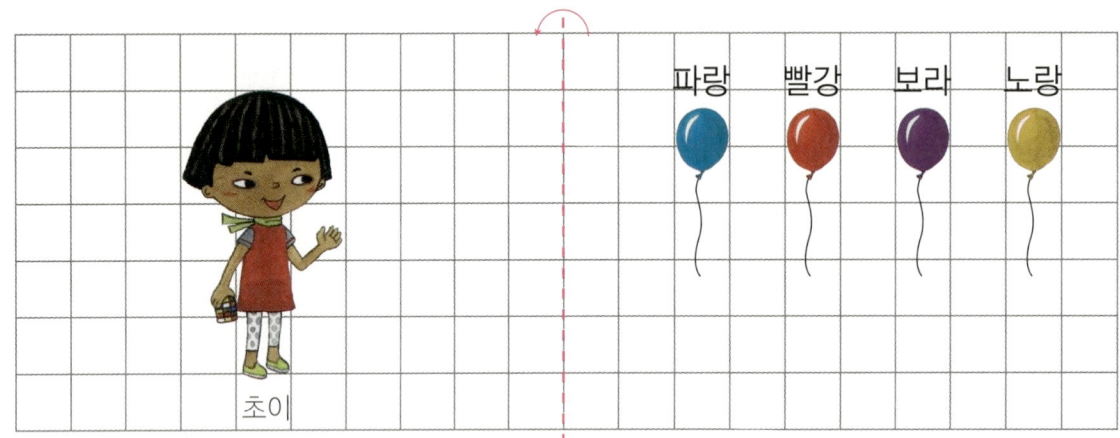

❶ 종이를 접으면 접는 선에서 양쪽으로 같은 거리에 있는 칸끼리 겹쳐집니다. 초이의 손이 있는 칸과 겹쳐지는 반대쪽 칸을 선으로 연결해 보시오.

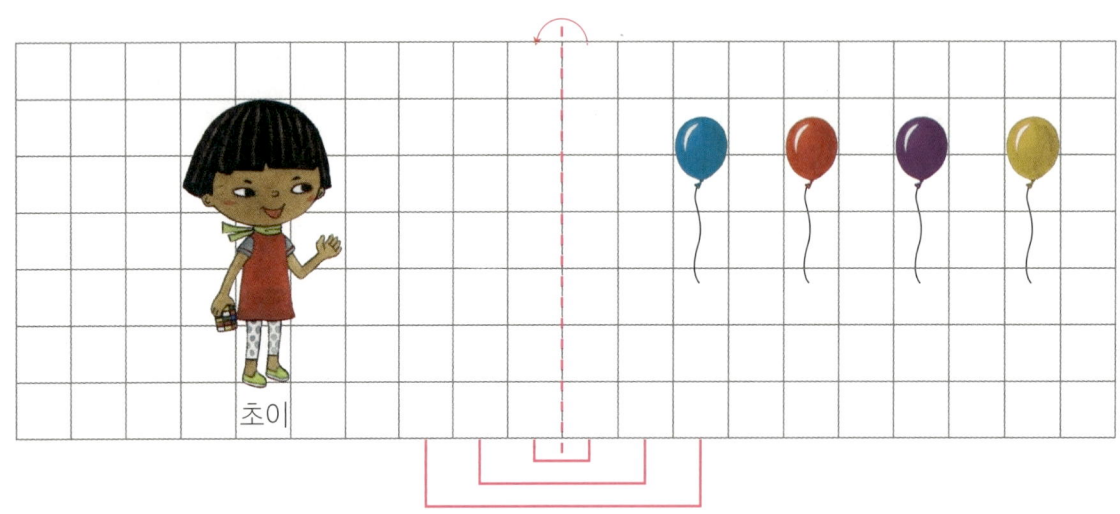

❷ 초이가 들게 되는 풍선은 무슨 색입니까?

1 다음과 같은 투명한 모눈 종이를 점선을 따라 접었을 때, 꿀벌이 찾아가지 않는 꽃은 무슨 색입니까?

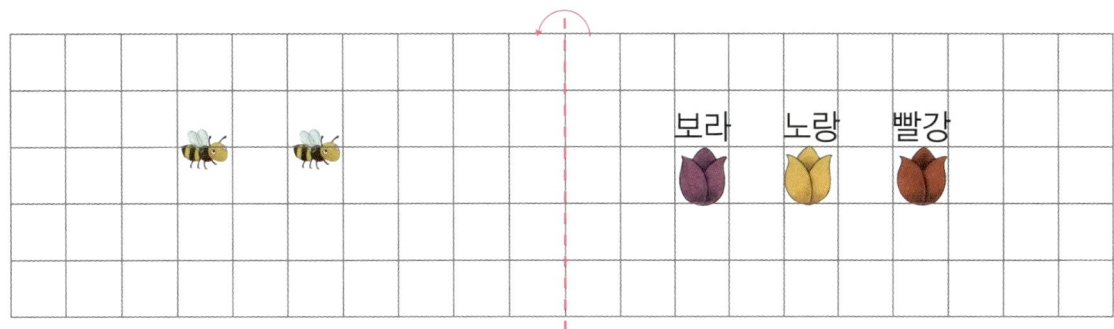

[채소 담기]

2 다음과 같은 투명한 모눈 종이를 점선을 따라 접었을 때, 바구니에 들어가는 채소를 모두 찾아 ◯표 하시오.

창의적 문제해결력

1 과일을 자른 모양을 보고 어떤 과일인지 찾아 선으로 이어 보시오.

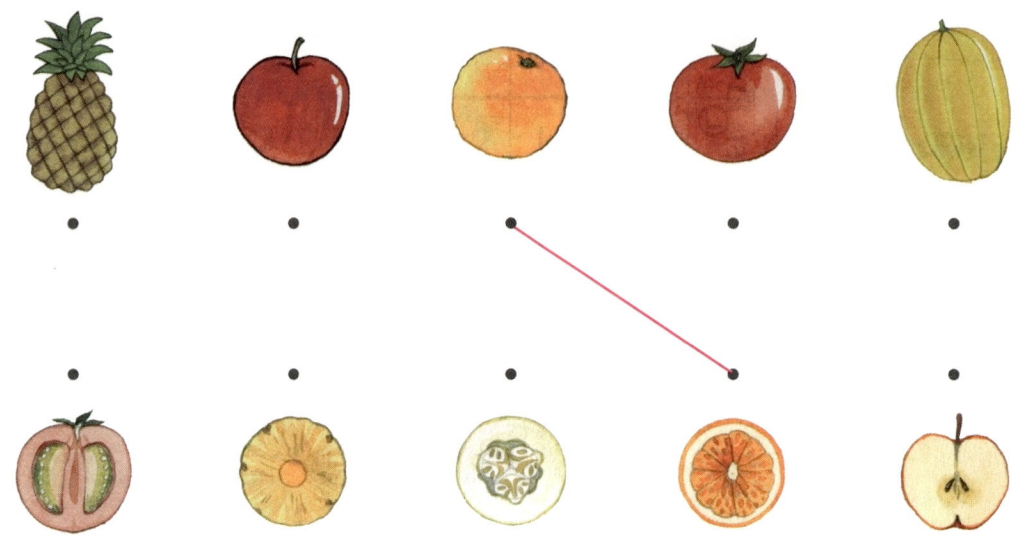

2 돋보기로 본 모양을 보고 알맞은 수학 요정을 찾아 쓰시오.

| 가 | 나 | 다 | 라 | 마 |

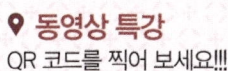
3 그림자를 만드는 데 필요하지 않은 단추를 찾아 ✕표 하시오.

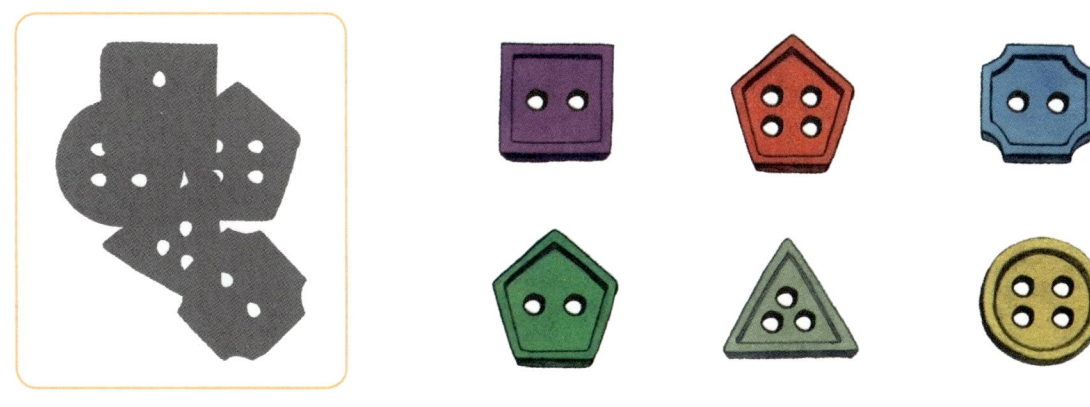

4 다음과 같은 투명한 모눈 종이를 접었을 때, 과녁의 중심에 다트가 꽂히려면 몇 번 점선을 따라 접어야 합니까?

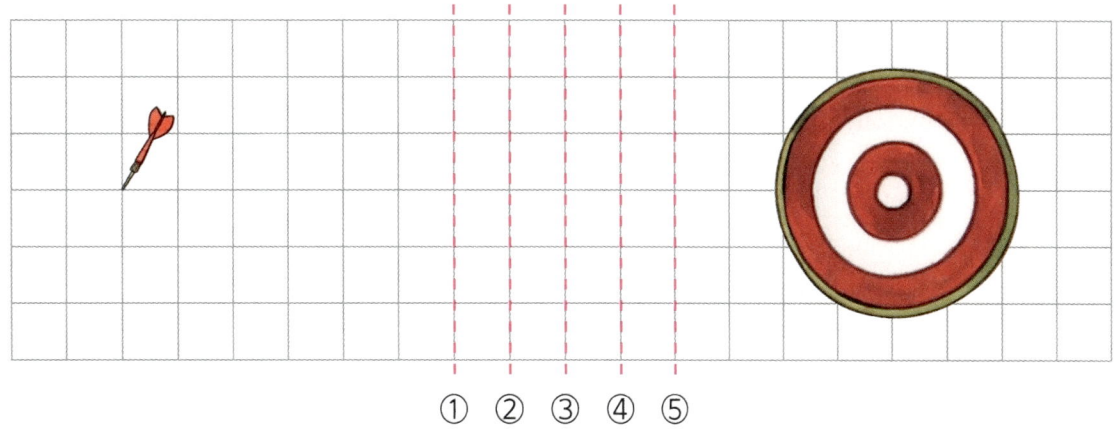

Chapter 2

여러 가지 모양

4 입체 모양 관찰

아인이네 반 친구들이 교실에 여러 가지 물건들을 모아 놓았습니다. 물건의 모양을 관찰해 봅시다.

책 축구공 지우개 탁구공
구슬 주사위
비커 떡풀
음료수 캔 지구본 보온병
필통

물건을 모양에 따라 다음과 같은 세 가지로 분류해 보시오.

① 상자 모양	② 둥근기둥 모양	③ 공 모양

닭이 상자 모양, 둥근기둥 모양, 공 모양의 순서를 되풀이하며 달걀이 있는 곳으로 가려고 합니다. 닭이 지나가는 길을 선으로 이어 보시오.

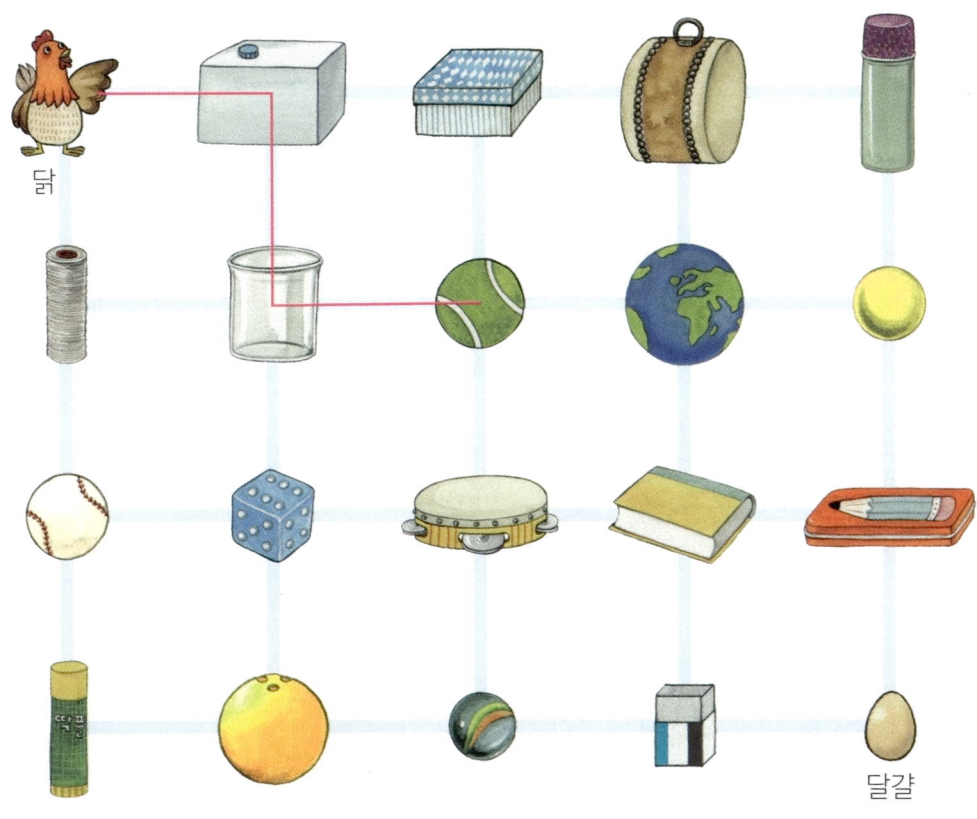

노크 포인트

주변에서 찾을 수 있는 물건을 모양에 따라 나눌 수 있습니다.

① 상자 모양 ➡

② 둥근기둥 모양 ➡

③ 공 모양 ➡

 # 모양의 성질

초이와 친구들이 상자 모양, 둥근기둥 모양, 공 모양에 대하여 이야기하고 있습니다. 같은 모양을 말한 친구끼리 선으로 이어 봅시다.

 쉽게 쌓을 수 없어.

 한 방향으로 굴러가.

 모두 평평한 부분으로 둘러싸여 있어.

 위와 아래만 평평해.

 뾰족한 부분이 많이 있어.

 어느 방향에서 보아도 둥근 모양이야.

❶ 오른쪽 모양 중 하나는 쉽게 쌓을 수 없습니다. 쉽게 쌓을 수 없는 모양을 말한 친구끼리 선으로 이어 보시오.

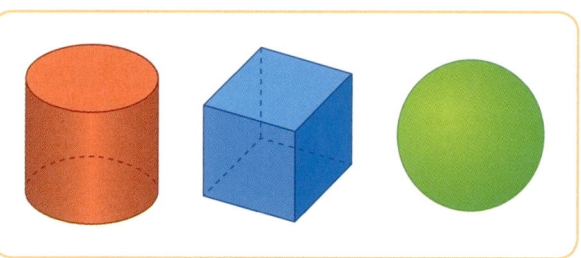

❷ 오른쪽 모양 중 하나는 한 방향으로만 굴러갑니다. 한 방향으로만 굴러가는 모양을 말한 친구끼리 선으로 이어 보시오.

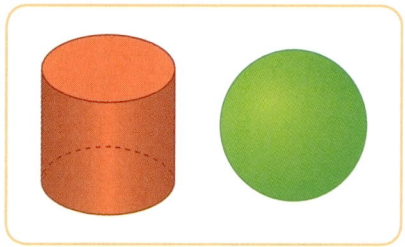

❸ 나머지 모양을 말한 친구끼리 선으로 이어 보시오.

1 곰이 겨울잠을 잘 집을 지으려고 합니다. 곰이 지으려는 집의 모양을 찾아 ◯표 하시오.

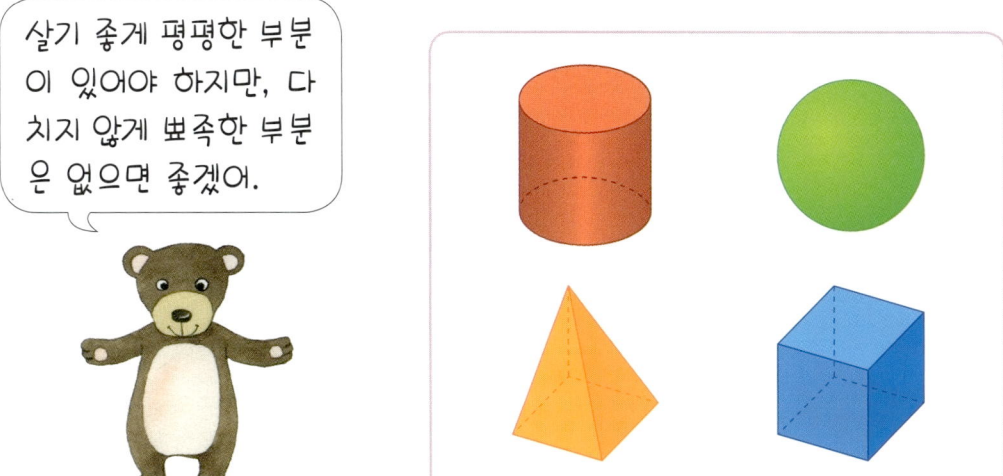

[쌓을 수 있는 모양]

2 똑같은 것 2개를 쉽게 쌓을 수 있는 모양을 모두 찾아 기호를 쓰시오.

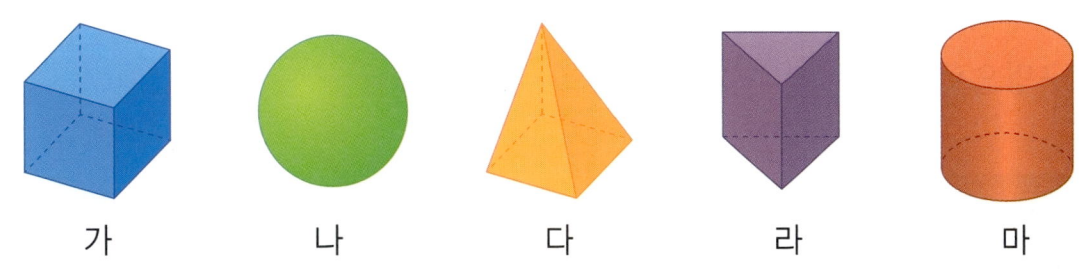

가　　　나　　　다　　　라　　　마

이것도 몰라!

뿔처럼 생긴 모양 위에 같은 모양을 쌓으면 어떻게 될지 뻔하지 않아?

입체 엿보기

다음은 입체 모양을 종이에 뚫린 구멍으로 본 것입니다. 어떤 입체 모양인지 찾아 선으로 이어 봅시다.

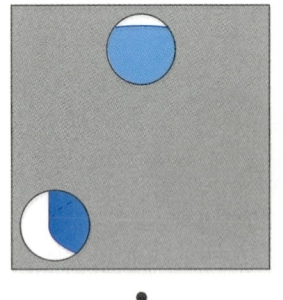 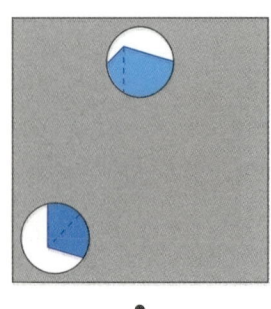 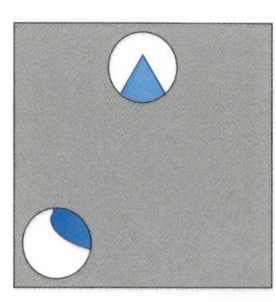 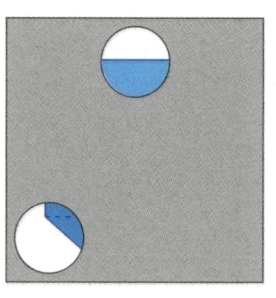

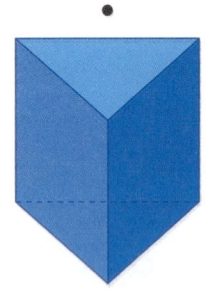  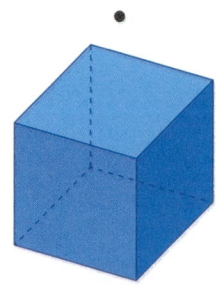 

❶ 구멍으로 보이는 부분을 찾아 ◯표 하시오.

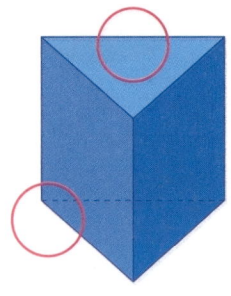  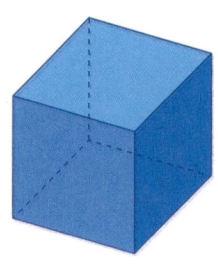 

❷ 종이에 뚫린 구멍으로 본 모양과 입체 모양을 알맞게 선으로 이어 보시오.

1 다음은 세 입체 모양을 돋보기로 크게 본 것입니다. 어떤 입체 모양을 크게 본 것인지 찾아 기호를 쓰시오.

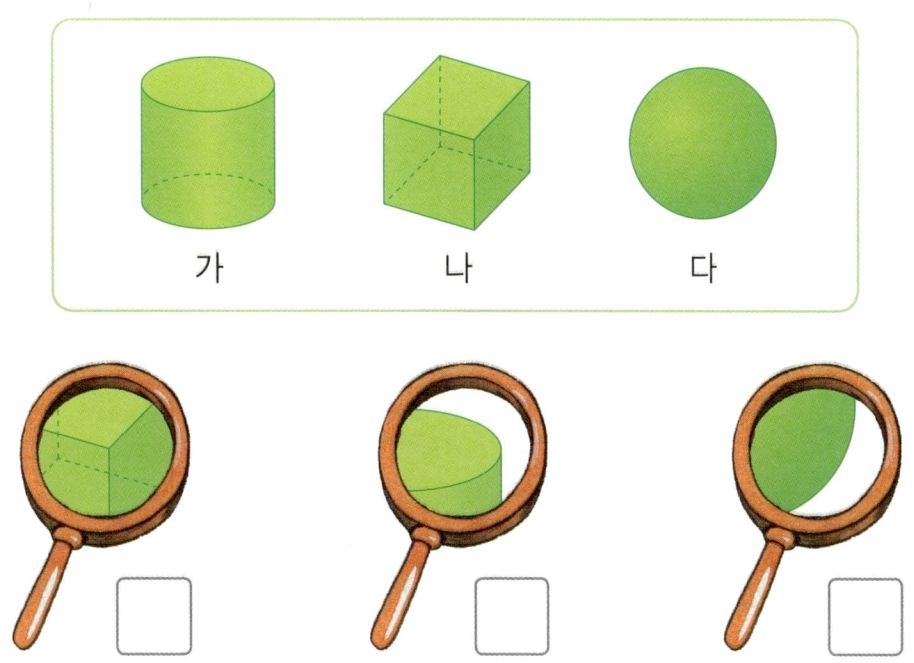

2 다음은 두 입체 모양을 종이에 뚫린 구멍으로 본 것입니다. 어떤 입체 모양인지 모두 찾아 ◯표 하시오.

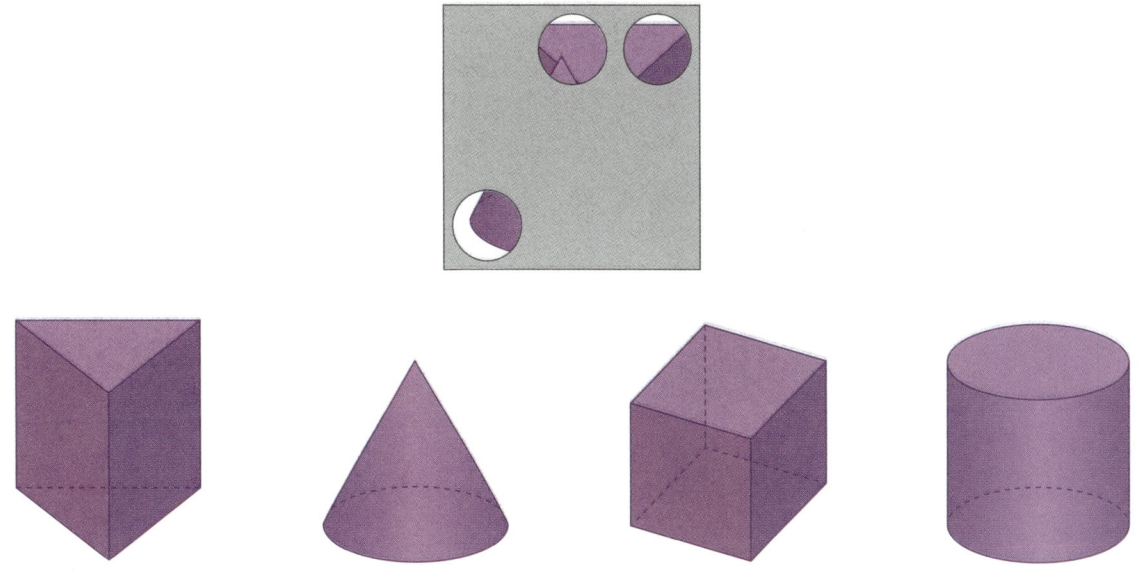

5 모양 만들기

지오는 상자 모양, 둥근기둥 모양, 공 모양 블록을 사용하여 재미있는 모양을 만들었습니다.

상자 모양, 공 모양은 각각 1개, 둥근기둥 모양은 4개를 사용했어.

다음 모양을 만드는 데 사용한 상자 모양, 둥근기둥 모양, 공 모양 블록의 수를 각각 세어 보시오.

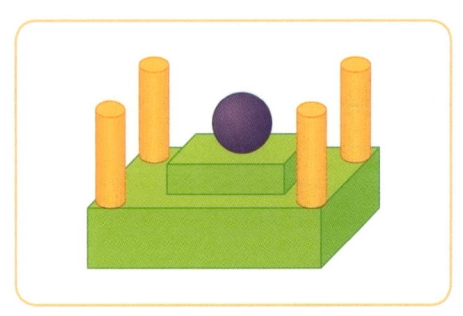

상자 모양: ☐ 개

둥근기둥 모양: ☐ 개

공 모양: ☐ 개

상자 모양: ☐ 개

둥근기둥 모양: ☐ 개

공 모양: ☐ 개

⑧ 다음 입체 모양 블록을 모두 사용하여 만들 수 있는 모양의 기호를 쓰시오.

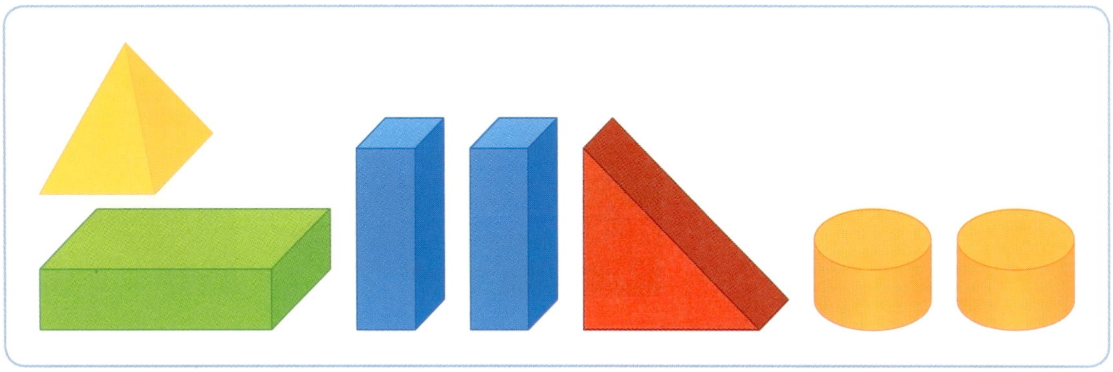

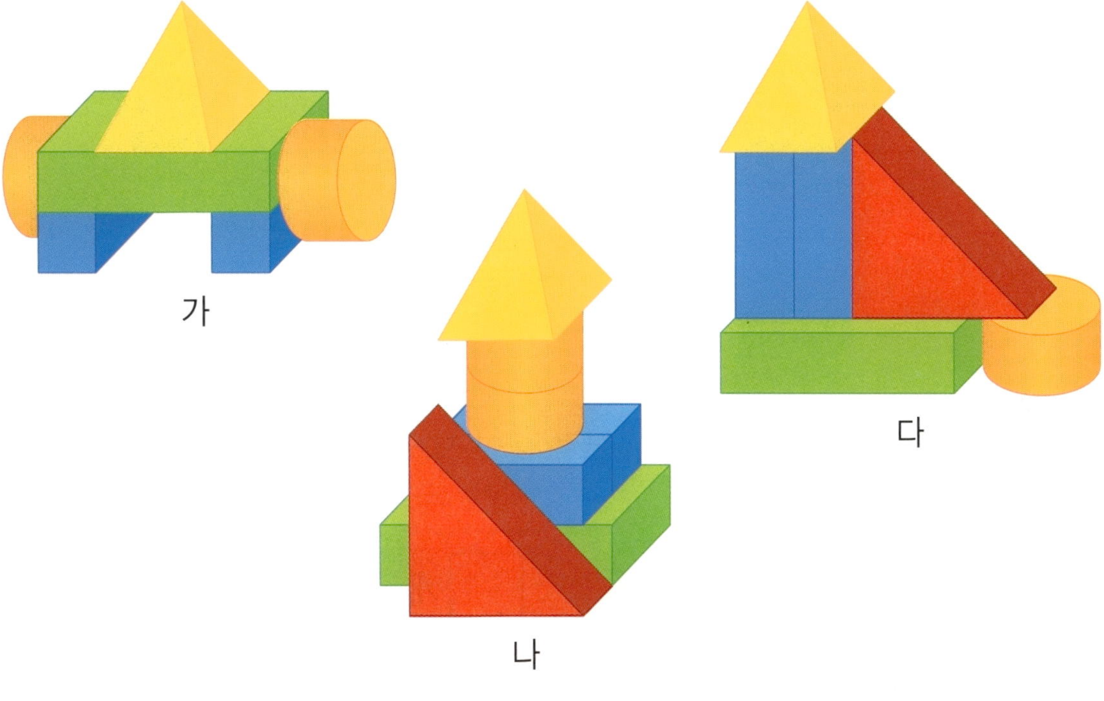

가

나

다

노크 포인트

여러 가지 입체 모양 블록으로 재미있는 모양을 만들 수 있습니다.

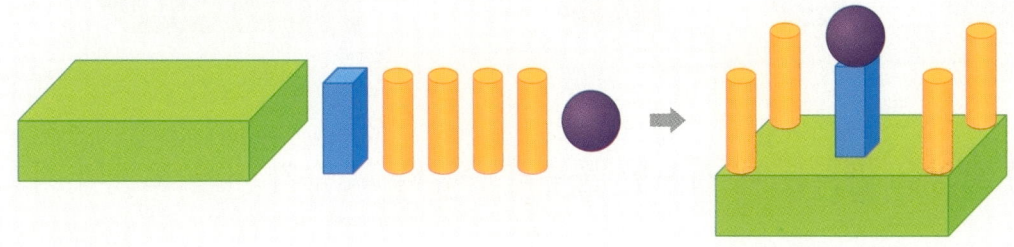

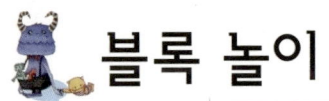
왼쪽 모양을 만드는 데 사용한 블록의 종류와 그 수가 다른 모양을 찾아봅시다.

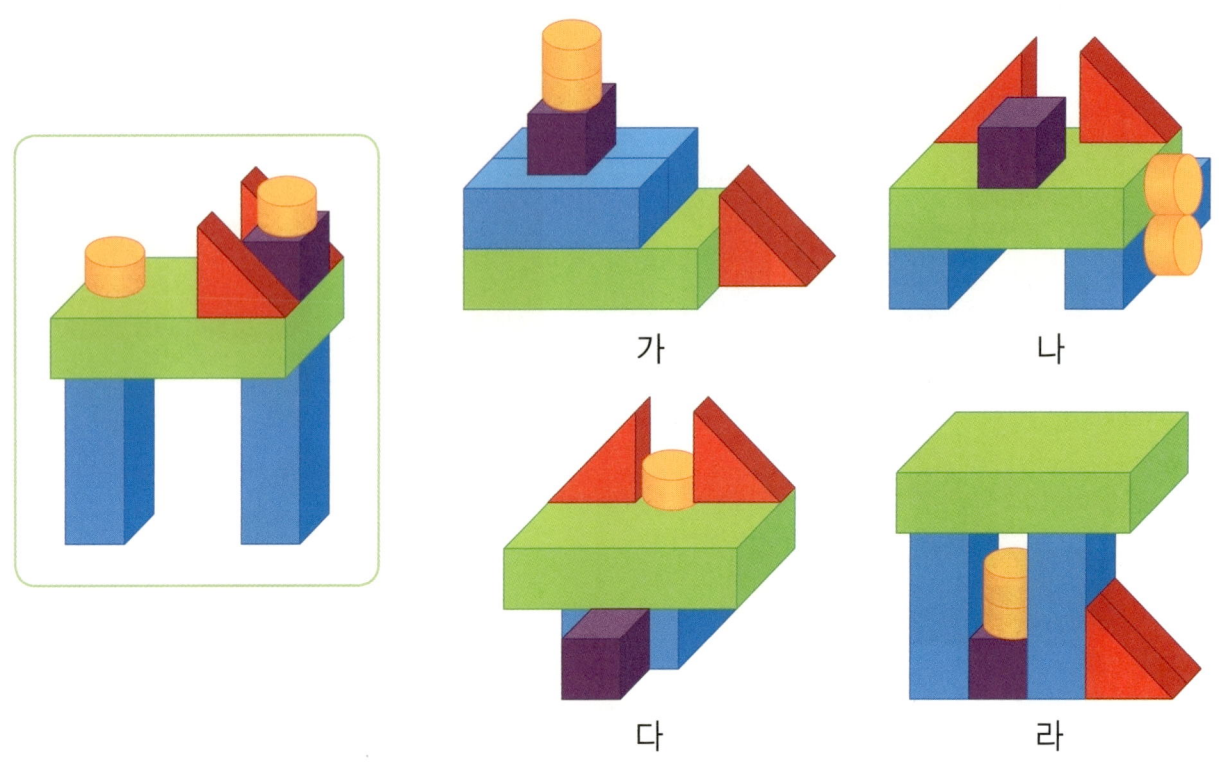

가

나

다

라

❶ 왼쪽 모양에 있는 블록을 종류별로 세어 보시오.

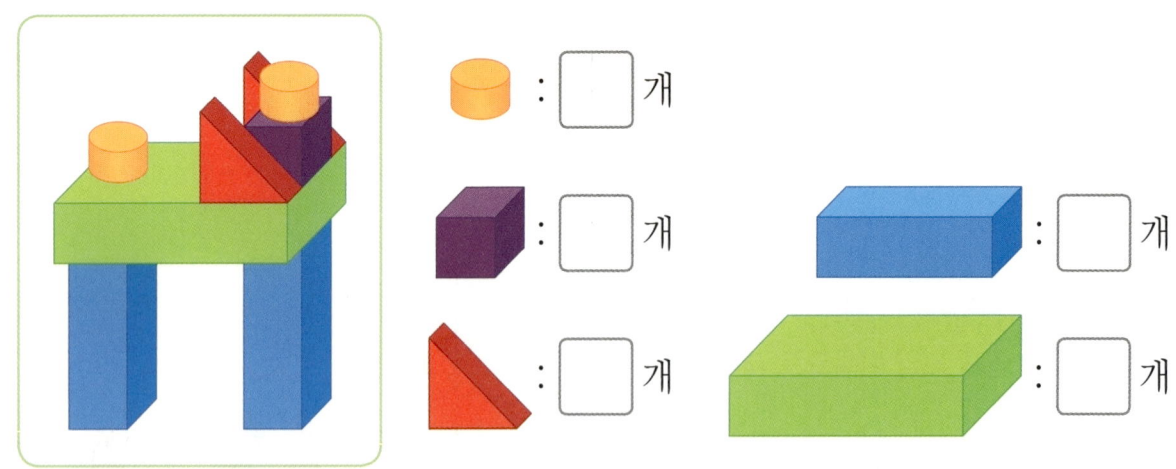

⬭ : ☐ 개

⬛ : ☐ 개   ▬ : ☐ 개

◣ : ☐ 개   ▬ : ☐ 개

❷ 왼쪽 모양을 만드는 데 사용한 블록의 종류와 그 수가 다른 모양의 기호를 쓰
시오.

1 왼쪽 모양에는 있지만 오른쪽 모양에는 없는 블록을 찾아 ◯표 하시오.

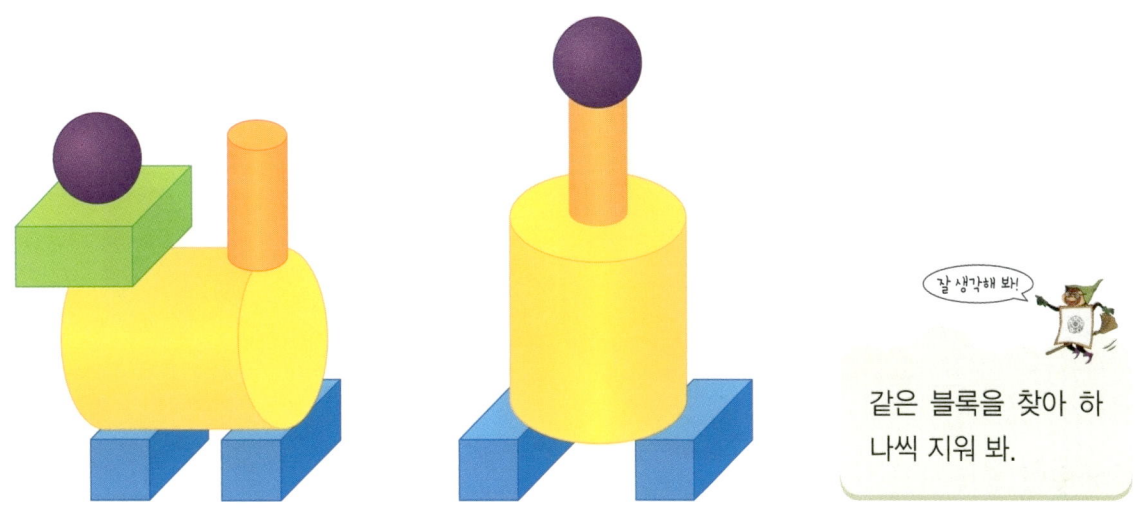

잘 생각해 봐!

같은 블록을 찾아 하나씩 지워 봐.

[만들고 남는 블록]

2 왼쪽 블록으로 오른쪽 모양을 만들고 남는 블록을 찾아 ◯표 하시오.

지오가 블록으로 쌓은 여러 가지 모양을 그리다가 블록 1개씩을 빠뜨렸습니다. 쌓은 모양이 무너지거나 비뚤게 서 있지 않기 위해 필요한 블록을 찾아 선으로 이어 봅시다.

빠뜨린 블록을 찾아봐.

[맞게 만든 모양]

1 태경이와 초이의 말에 맞게 만든 모양의 기호를 쓰시오.

> 먼저 둥근기둥 모양 2개 위에 넓적한 상자 모양 1개를 올려.

> 넓적한 상자 모양 위에는 공 모양 2개와 피라미드 모양 1개를 올려.

가　　　　　나　　　　　다

> 잘 생각해 봐!
>
> 피라미드는 돌이나 벽돌을 쌓아 만든 △ 모양의 거대한 건축물로 이집트 등지에서 주로 왕이나 왕족의 무덤으로 만들어졌어.

[튼튼한 모양]

2 입체 모양 블록으로 쌓은 다음 모양 중 손으로 앞이나 옆으로 밀었을 때 구르지 않는 모양을 찾아 ◯표 하시오.

> 잘 생각해 봐!
>
> 손으로 밀었을 때 구르는 모양은 어떤 모양일까요?

6 입체 모양 조립

초이, 지오, 아인이가 '똑같아요' 노래를 각자 가지고 온 물건들로 가사를 바꾸어
부르고 있습니다.

> 무엇이 무엇이 똑같을까? 장갑의 양쪽이 똑같아요.

> 무엇이 무엇이 똑같을까? 역기의 양쪽이 똑같아요.

> 무엇이 무엇이 똑같을까? 스키의 양쪽이 똑같아요.

똑같은 모양끼리 선으로 이어 보시오.

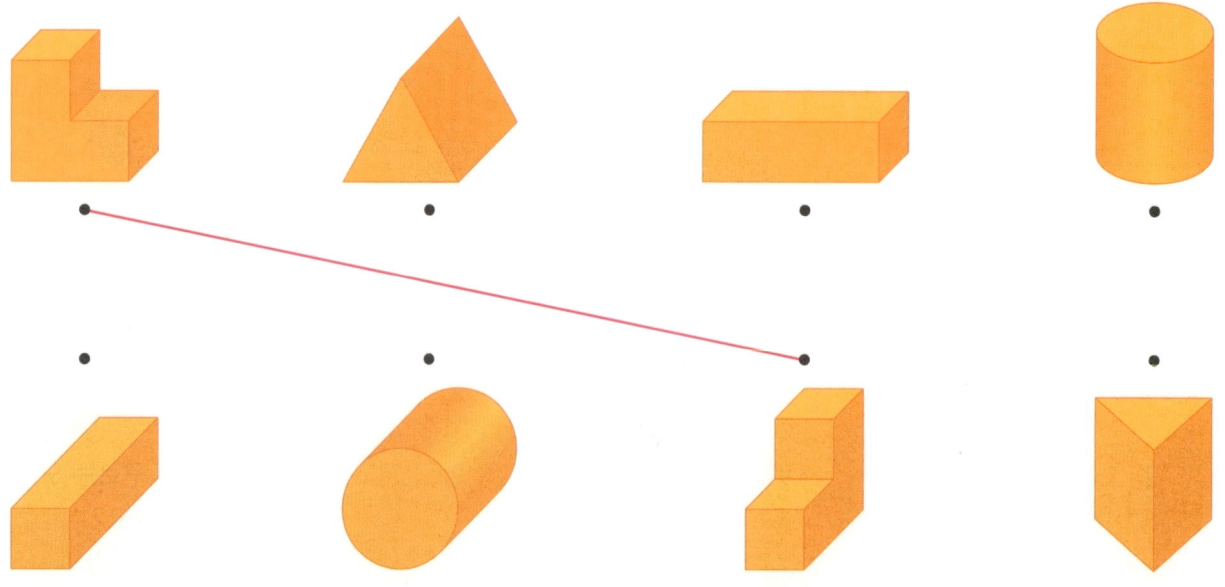

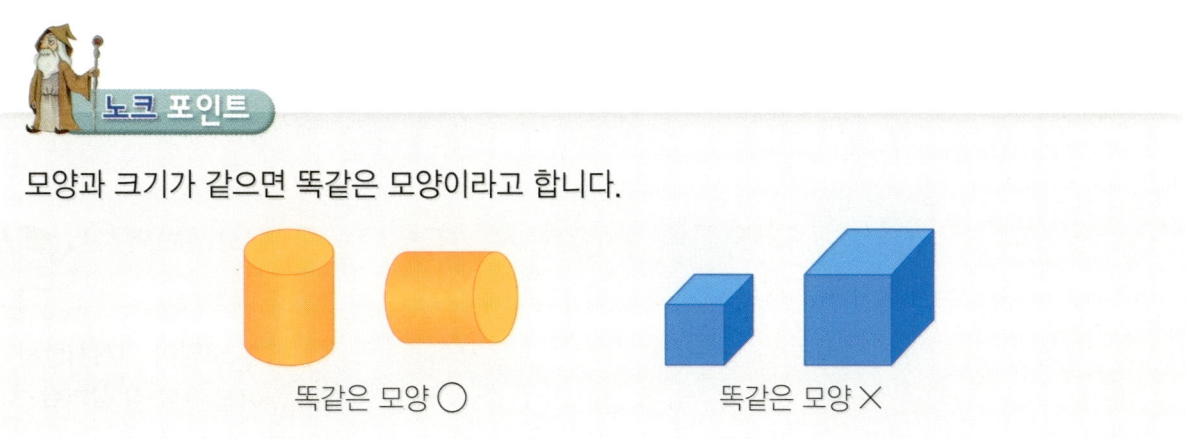

🕐 왼쪽과 똑같은 모양을 찾아 ◯표 하시오.

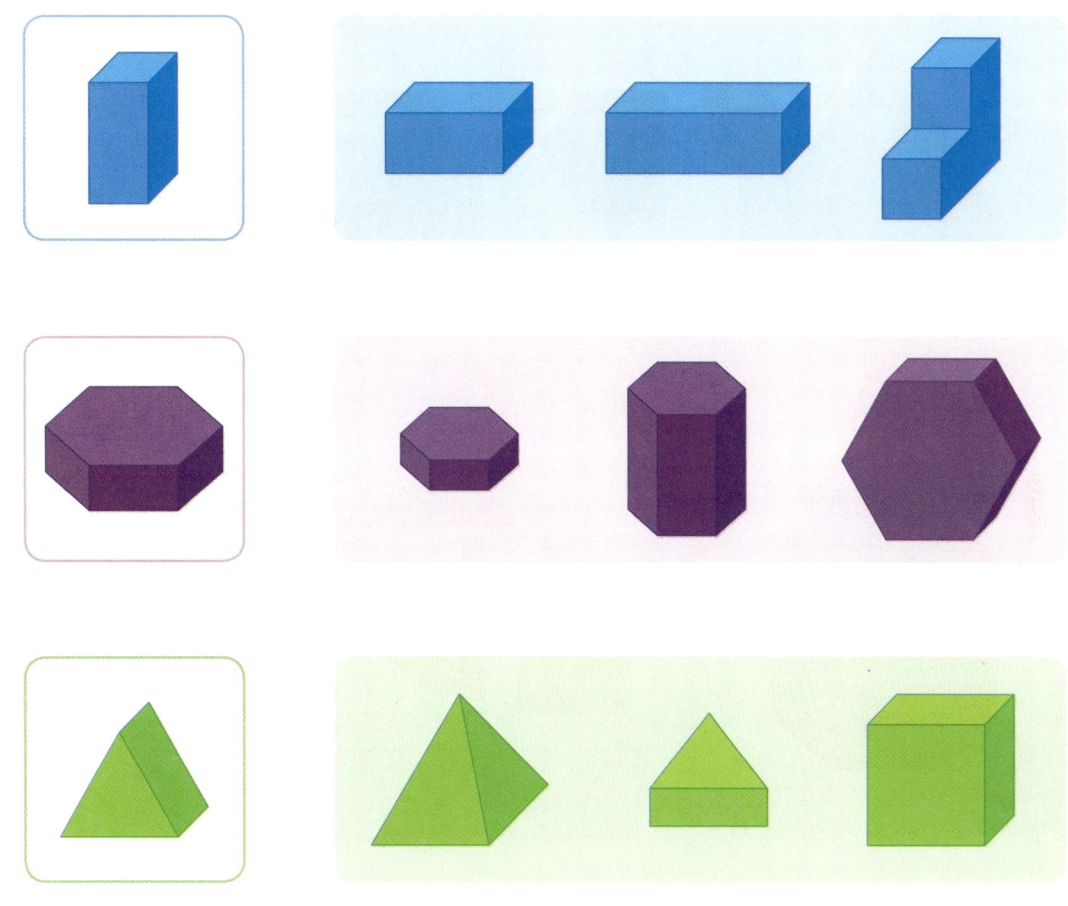

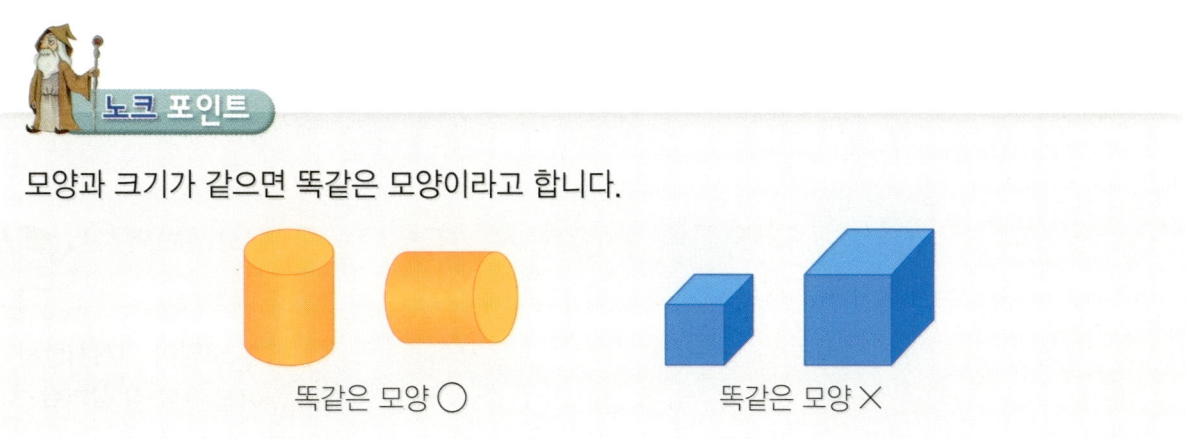

노크 포인트

모양과 크기가 같으면 똑같은 모양이라고 합니다.

똑같은 모양 ◯   똑같은 모양 ✕

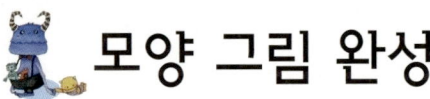

모양 그림 완성

가려진 부분에 알맞은 그림을 찾아 ◯표 하시오.

1

2

3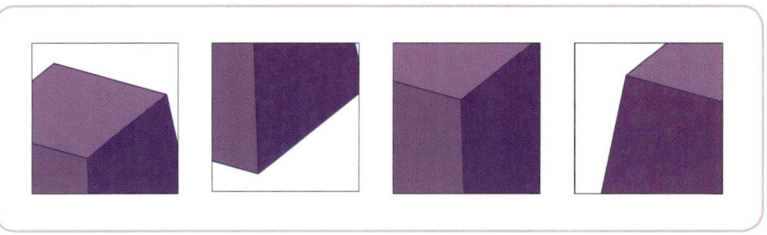

잘 생각해 봐!

입체 모양이 가려지면서
끊어진 곳을 잘 살펴봐.

1 왼쪽 그림을 만드는 데 필요한 그림 조각 2개를 모두 찾아 ⃝표 하시오.

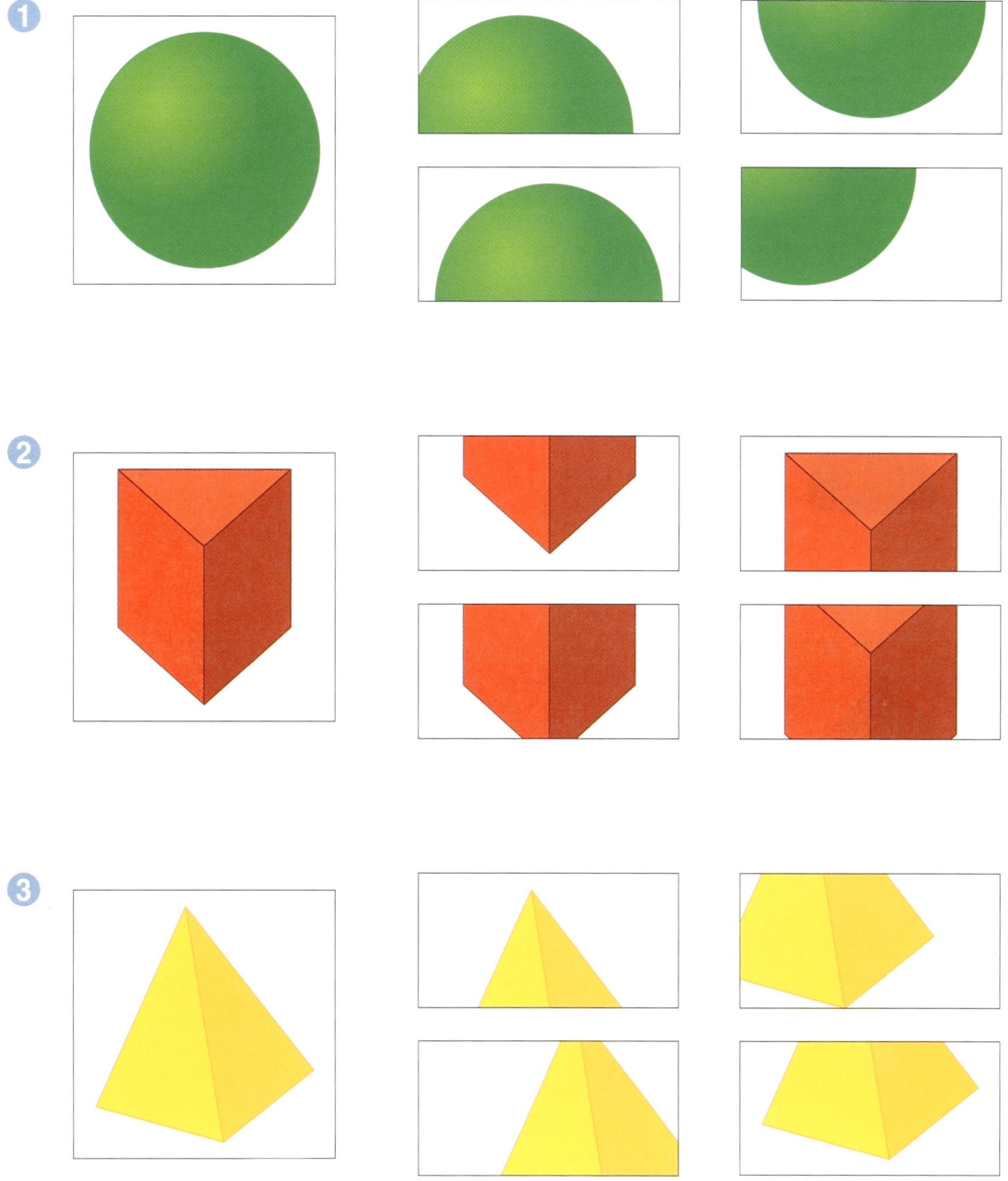

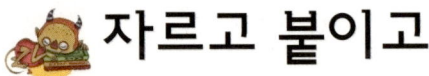 자르고 붙이고

왼쪽 2조각을 이어 붙여서 오른쪽 모양을 만든 것입니다.

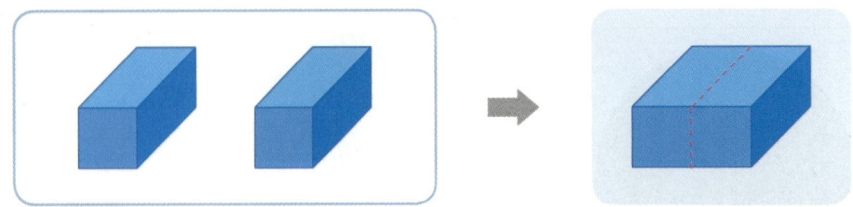

같은 방법으로 왼쪽 조각 2개를 이어 붙여서 만들 수 있는 모양을 찾아 선으로 이어 봅시다.

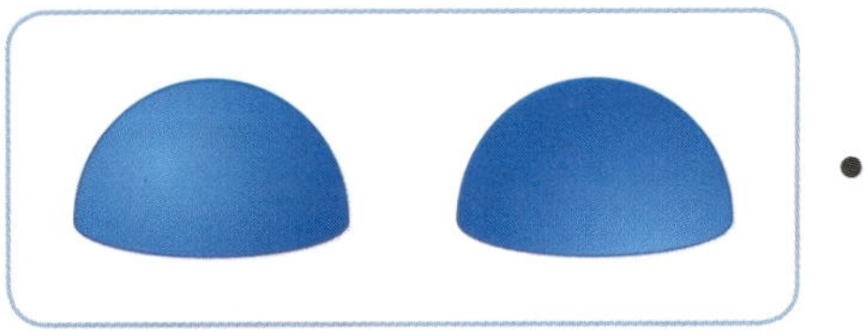

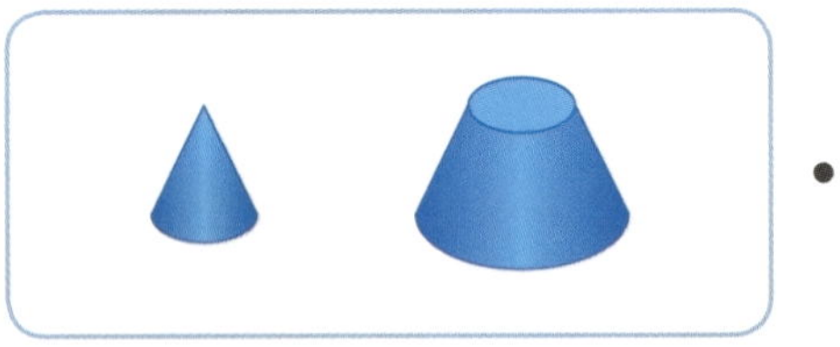

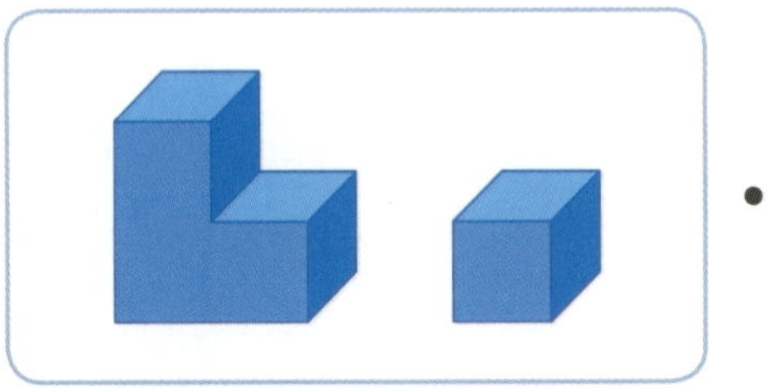

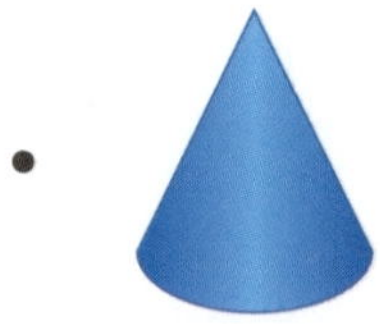

1 오른쪽 조각 중 3조각을 이어 붙여서 왼쪽 모양을 만들려고 합니다. 필요없는 조각에 ✕표 하시오.

[똑같이 둘로 나누기]

2 다음과 같은 상자 모양을 여러 가지 방법으로 똑같은 2조각으로 나누었습니다. 나누어진 조각이 아닌 것을 찾아 기호를 쓰시오.

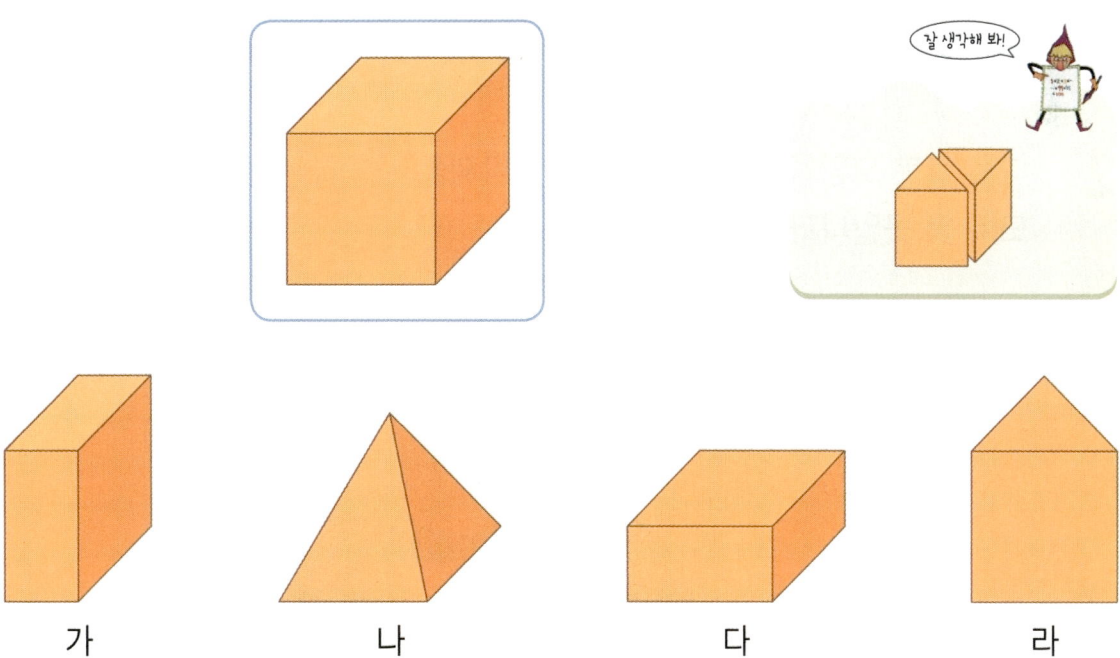

가 나 다 라

창의적 문제해결력

1 친구들이 말하고 있는 모양을 찾아 선으로 이어 보시오.

여러 방향으로 잘 굴러가.

평평한 부분이 6개 나 있어.

쉽게 쌓을 수 있고, 한 방향으로 굴러가.

2 다음 로봇 모양을 만들 때, 반드시 접착제를 사용하여 블록을 붙여야 하는 곳은 모두 몇 곳입니까?

3 다음은 입체 모양 카드를 여러 조각으로 나눈 것 중 일부입니다. 입체 모양 카드의 어느 부분인지 찾아 색칠해 보시오.

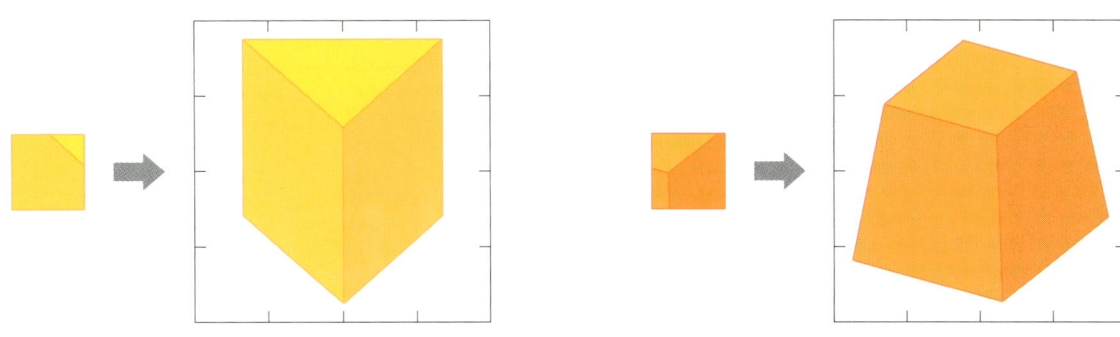

4 왼쪽 모양을 보고 맨 앞에 있는 모양부터 순서대로 번호를 써넣으시오.

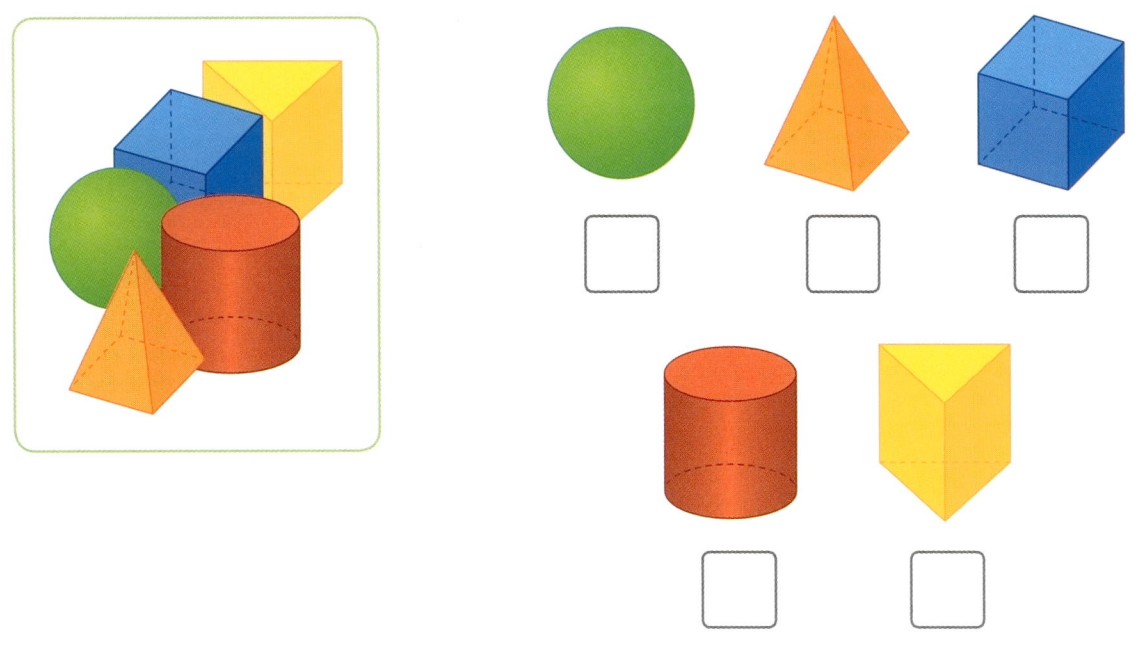

Chapter 3

쌓기나무

쌓기나무 모양 만들기

태경이가 쌓기나무로 모양을 만들고 있습니다. 처음에는 쌓기나무 2개를 쌓고, 3개, 4개, 5개, 6개로 쌓기나무를 1개씩 늘리면서 모양을 만듭니다.

내가 만든 거야.

왼쪽 모양에서 쌓기나무 1개를 더해서 만들 수 있는 모양을 찾아 ◯표 하시오.

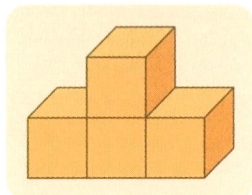   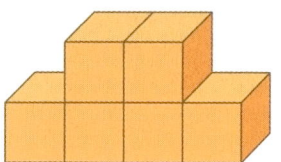

왼쪽 모양에서 쌓기나무 1개를 빼서 만들 수 있는 모양을 찾아 ◯표 하시오.

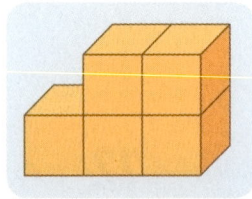 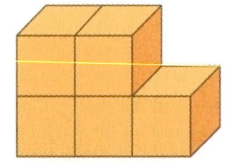 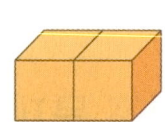 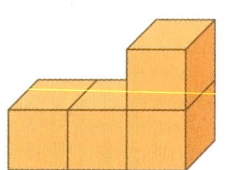

다음은 쌓기나무를 1개씩 옮겨서 만든 모양을 섞어 놓은 것입니다. 만든 순서에 맞게 번호를 써넣으시오.

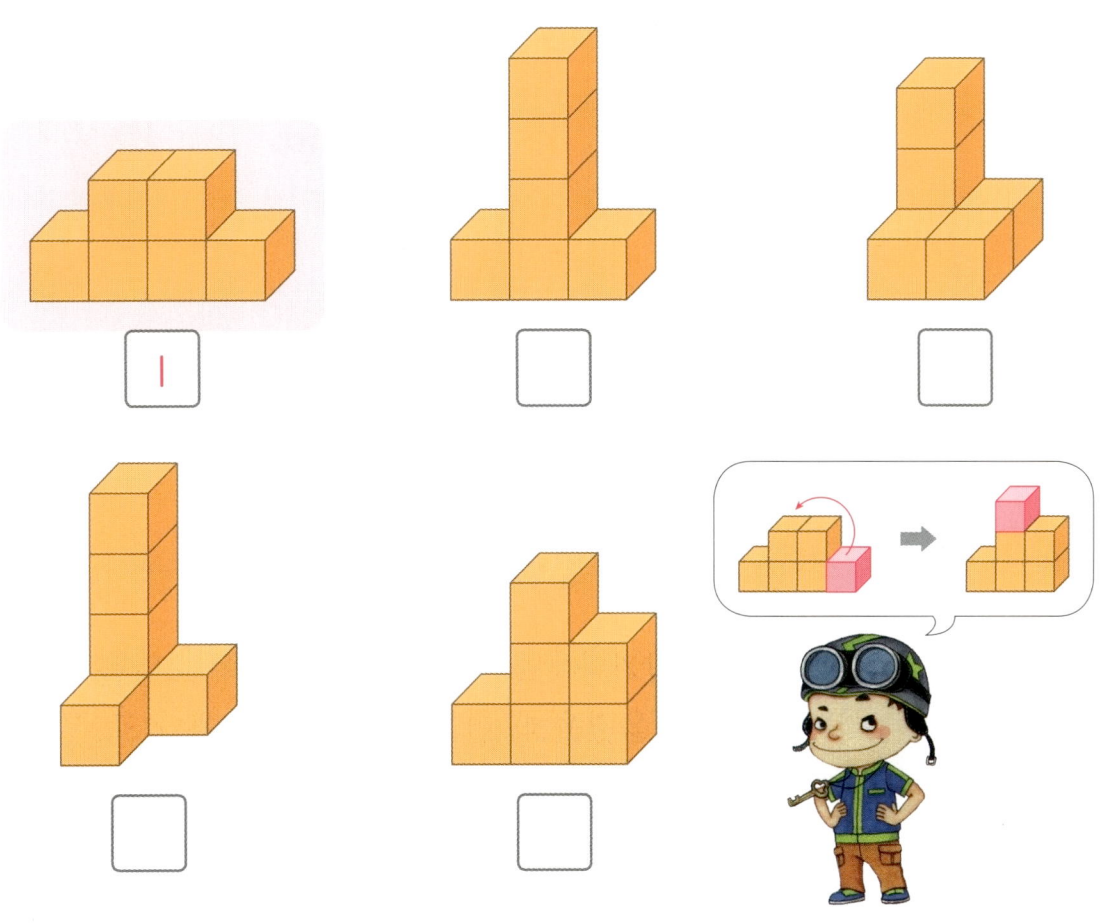

노크 포인트

쌓기나무 1개를 더하거나 빼거나 옮겨서 새로운 모양을 만들 수 있습니다.

1개 빼기   1개 더하기   1개 옮기기

쌓기나무 옮기기

왼쪽 모양에서 쌓기나무를 1개씩 2번 옮겨서 오른쪽 모양을 만들었습니다. 빈 곳에
알맞은 모양을 찾아봅시다.

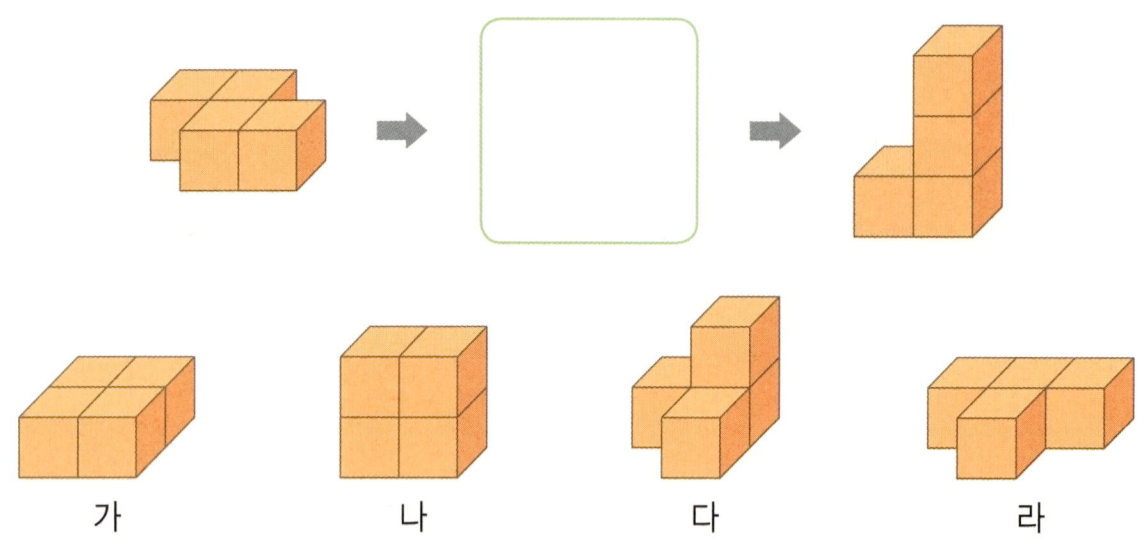

가   나   다   라

❶ 빈 곳에 알맞은 모양에서 쌓기나무를 1개씩 옮기면 양쪽 모양을 모두 만들 수
있습니다. 쌓기나무 1개를 옮겼을 때 만들 수 있는 모양에 ○표, 만들 수 없는
모양에 ✕표 하시오.

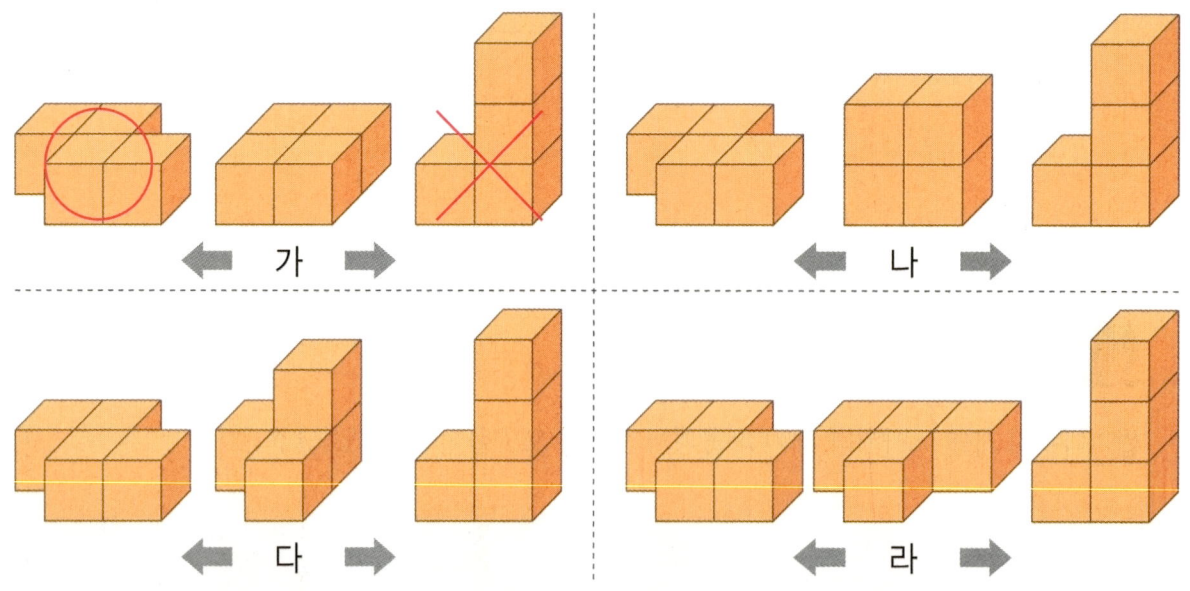

❷ 빈 곳에 알맞은 모양의 기호를 쓰시오.

[만들 수 없는 모양]

1 주어진 모양에서 쌓기나무 1개를 옮겨서 만들 수 없는 모양의 기호를 쓰시오.

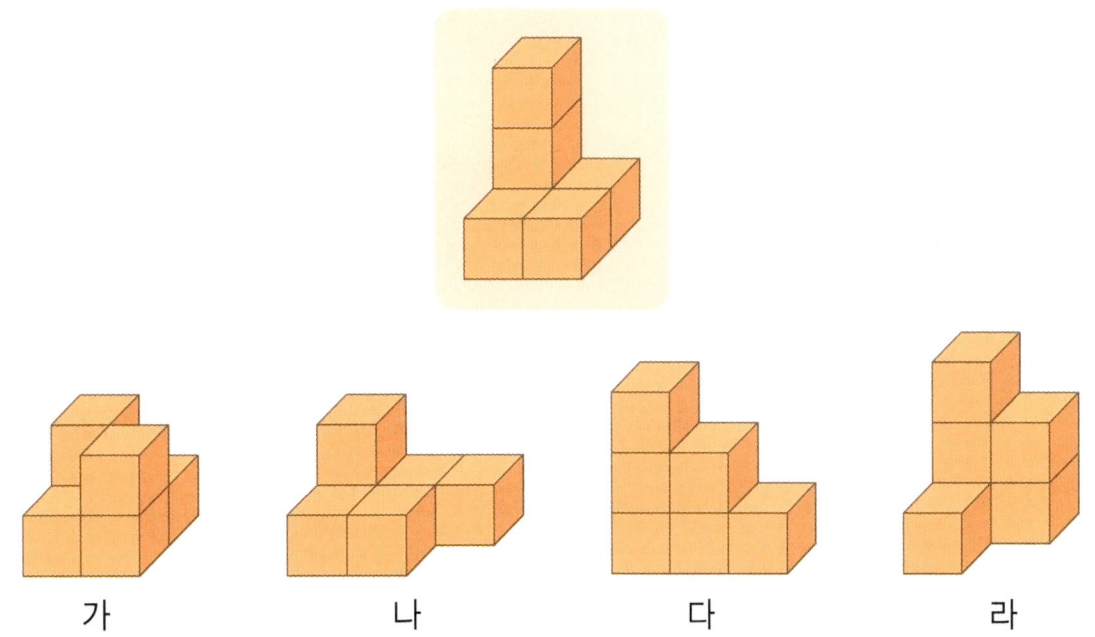

가　　　　　나　　　　　다　　　　　라

[옮긴 쌓기나무 찾기]

2 주어진 모양에서 쌓기나무 1개를 옮겨서 여러 가지 모양을 만들었습니다. 만든 모양 가, 나, 다에서 옮긴 쌓기나무를 찾아 각각 ◯표 하시오.

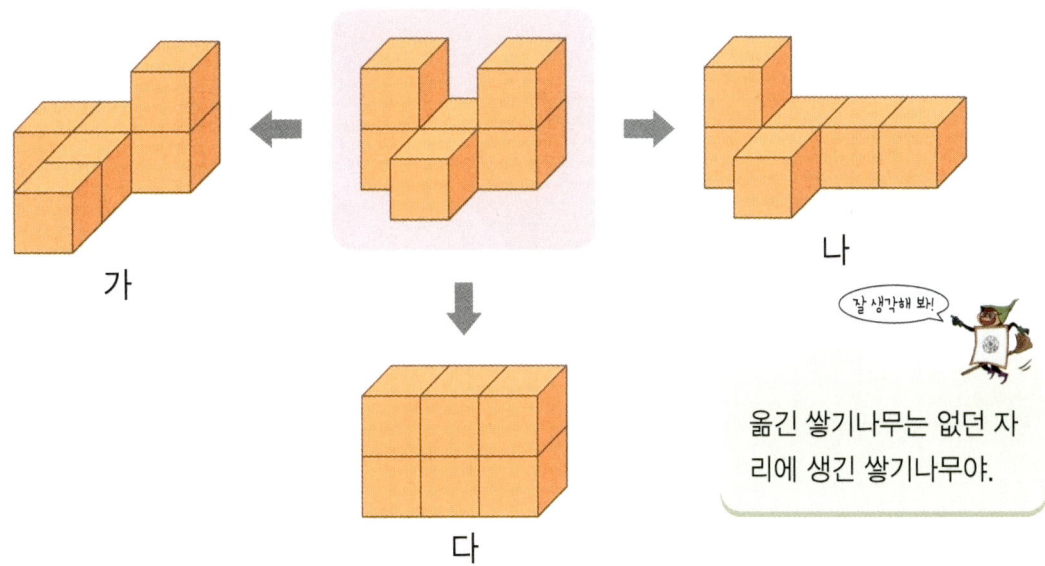

잘 생각해 봐!

옮긴 쌓기나무는 없던 자리에 생긴 쌓기나무야.

더하거나 뺀 쌓기나무

주어진 모양에 쌓기나무 1개를 더하거나 빼서 여러 가지 모양을 만들었습니다. 만든 모양 가, 나, 다, 라에서 쌓기나무가 새로 생기거나 없어진 부분을 찾아 각각 ◯표 해 봅시다.

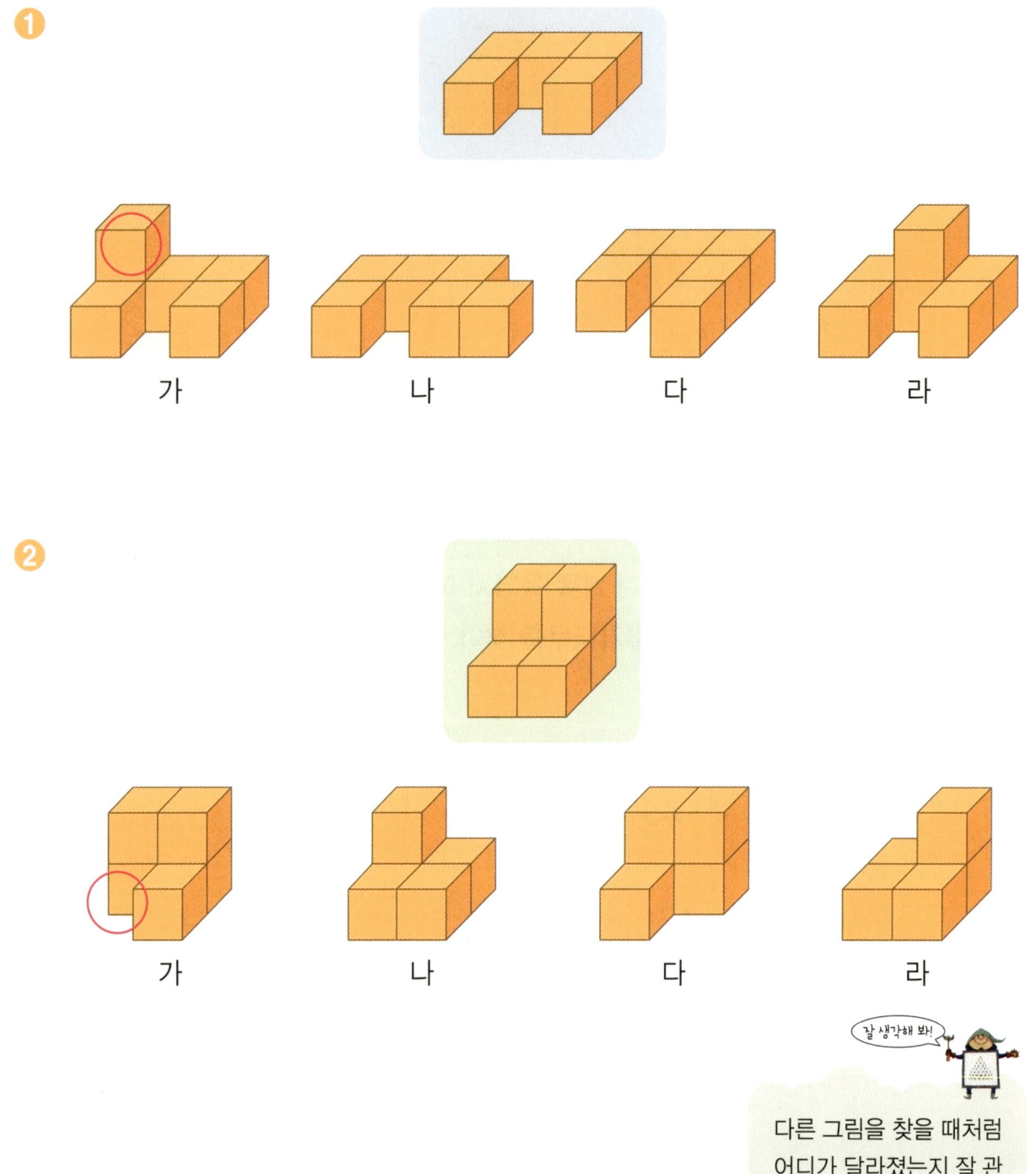

① 가   나   다   라

② 가   나   다   라

잘 생각해 봐!

다른 그림을 찾을 때처럼 어디가 달라졌는지 잘 관찰해 봐.

[만들 수 없는 모양]

1 주어진 모양에 쌓기나무 1개를 더 쌓아서 만들 수 없는 모양의 기호를 쓰시오.

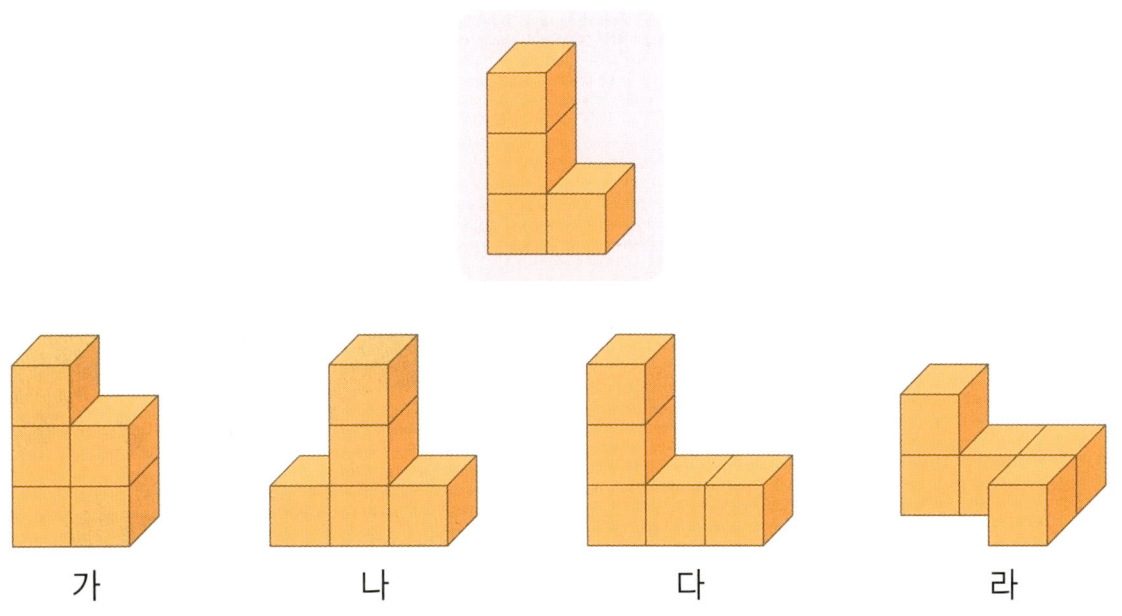

[더하거나 빼거나 옮기거나]

2 주어진 모양에서 쌓기나무 1개를 더한 것은 ◯표, 1개를 뺀 것은 ☐표, 1개를 옮긴 것은 △표 하시오.

이것도 몰라!

쌓기나무를 옮긴 것은 원래 모양에서 쌓기나무의 수가 변하지 않아.

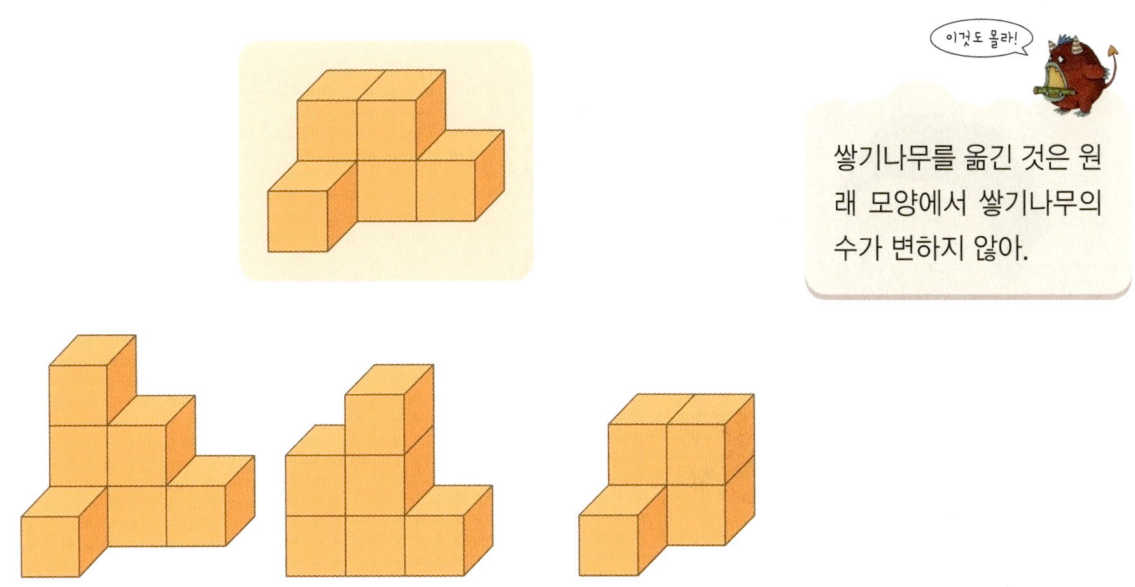

같은 모양, 다른 모양

태경이 엄마는 태경이가 동생에게 책을 읽어 주는 모습을 사진으로 찍었습니다. 그리고 엄마는 사진을 조금씩 바꾼 합성 사진도 한 장 만들었습니다. 두 사진을 보고 다른 부분을 모두 찾아 ◯표 하시오.

다른 부분을 찾아 봐.

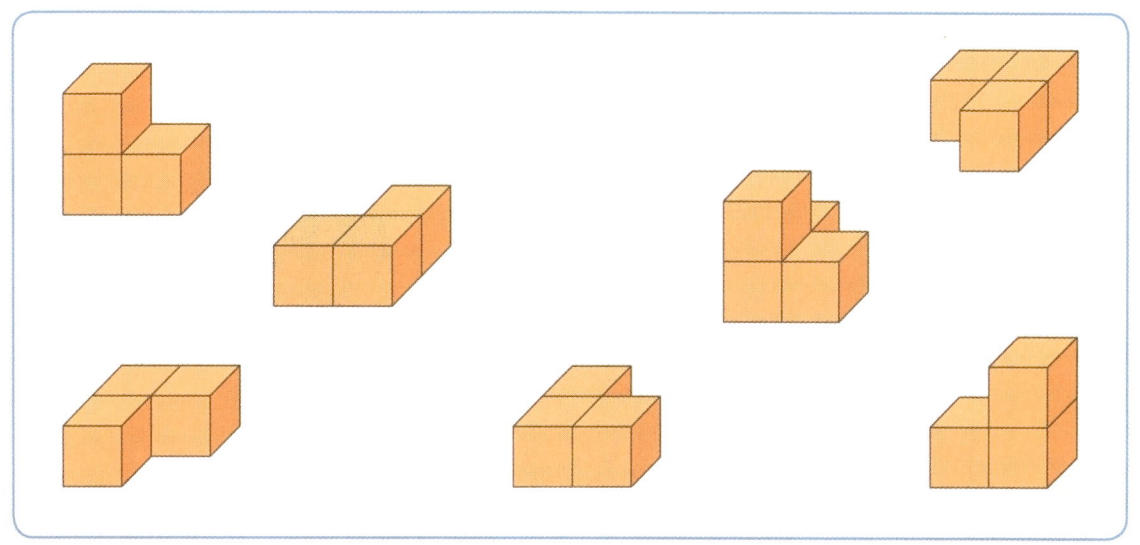

🔵 모양이 다른 하나를 찾아 ✕표 하시오.

쌓기나무를 놓은 위치와 바라 본 방향이 달라도 돌렸을 때 모양이 같으면 서로 같은 모양입니다.

 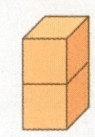 

똑같은 모양으로 쌓으려면 쌓기나무를 쌓은 모양, 위치, 수를 잘 살펴보아야 합니다.

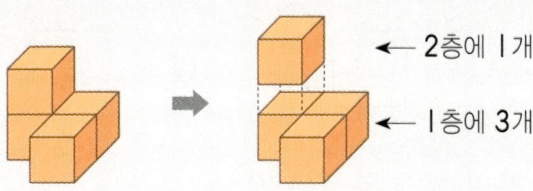

← 2층에 1개

← 1층에 3개

다른 것을 찾아라

초이는 쌓기나무 5개로 모양을 만든 후, 떨어지지 않게 목공풀로 붙였습니다. 똑같은 모양이 아닌 것을 찾아봅시다.

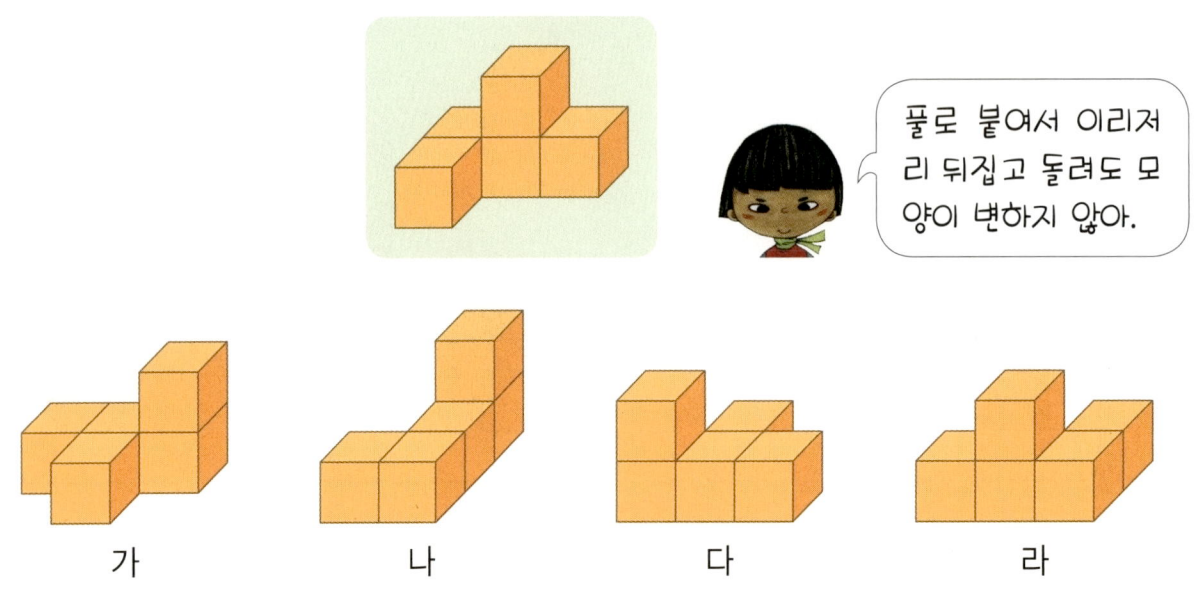

풀로 붙여서 이리저리 뒤집고 돌려도 모양이 변하지 않아.

가　　나　　다　　라

❶ 주어진 모양에서 'ㄱ'자 모양을 찾아 색칠하였습니다. 나머지 1개의 쌓기나무가 'ㄱ'자 모양의 몇 번과 붙어 있는지 번호를 써넣으시오.

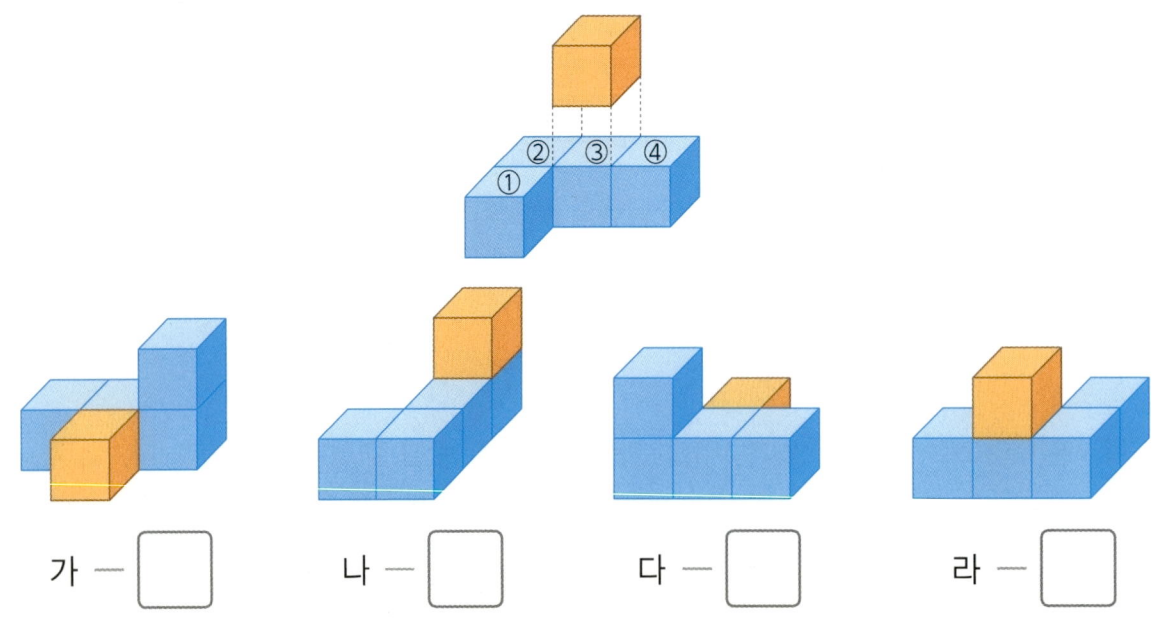

가 — ☐　　나 — ☐　　다 — ☐　　라 — ☐

❷ 나머지 모양과 다른 것의 기호를 쓰시오.

[다른 모양 찾기]

1 주어진 모양과 똑같이 쌓은 모양이 아닌 것의 기호를 쓰시오.

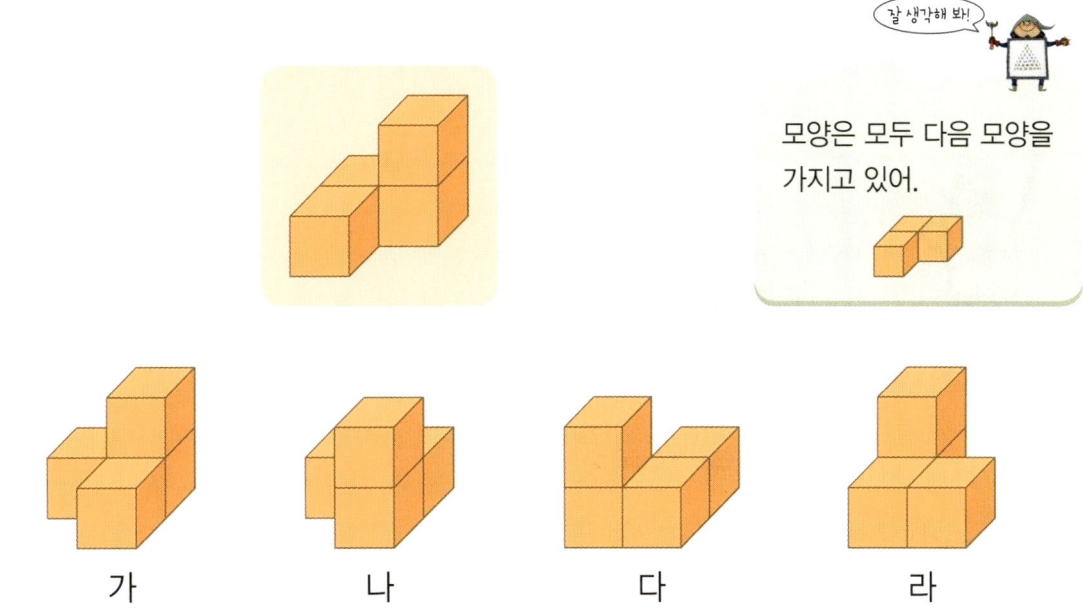

잘 생각해 봐!

모양은 모두 다음 모양을 가지고 있어.

[스파이 찾기]

2 모양이 다른 하나를 찾아 ✕표 하시오.

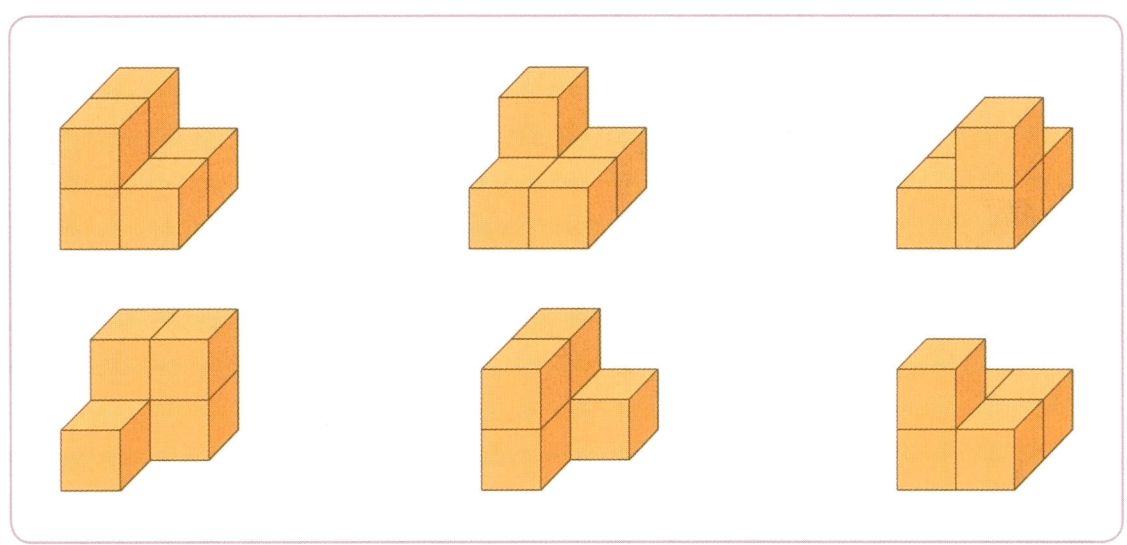

같은 모양 짝짓기

쌓기나무와 같은 모양 4개를 이어 붙여 만든 도형을 테트라큐브라고 합니다. 같은 테트라큐브를 찾아 선으로 이어 봅시다.

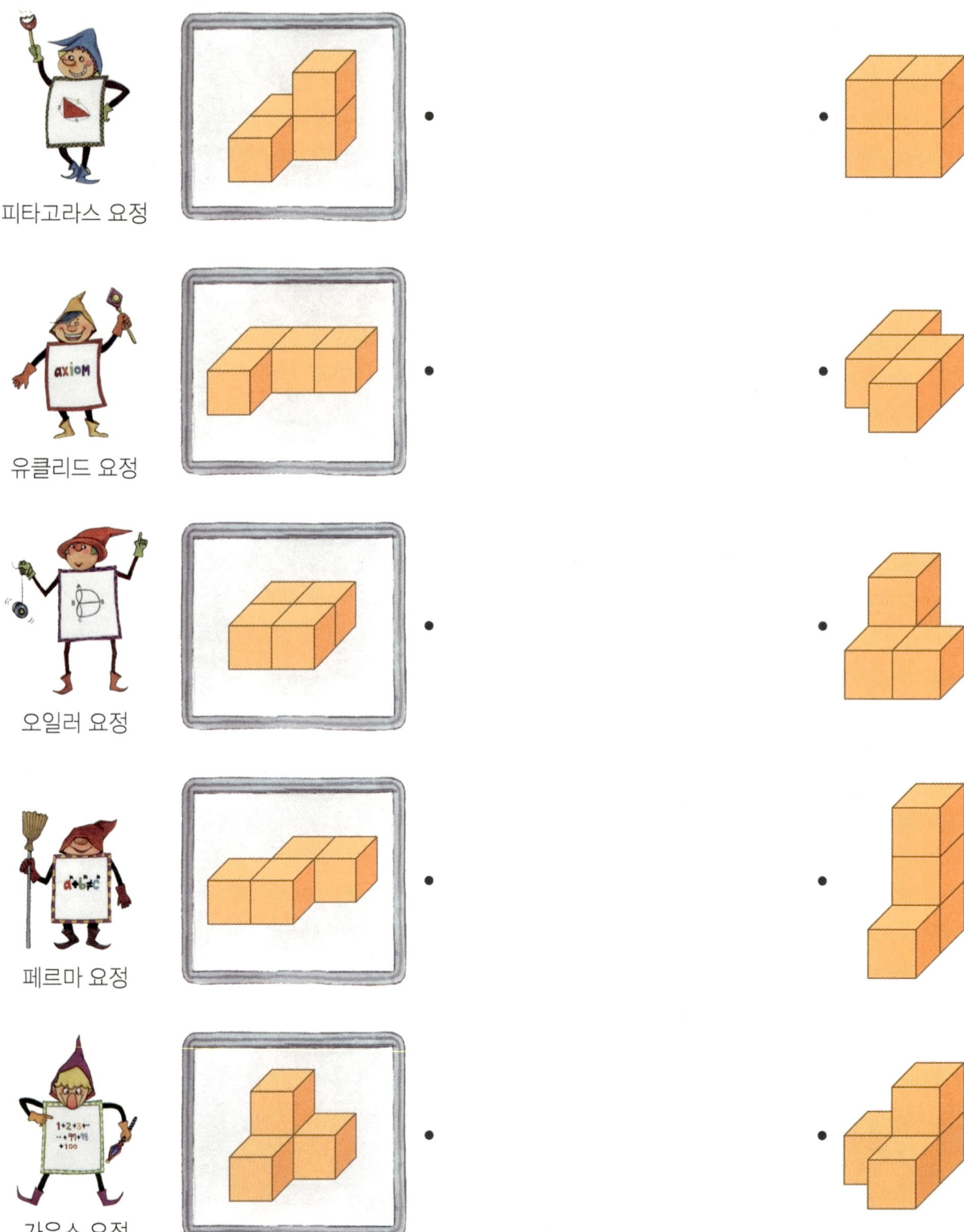

피타고라스 요정

유클리드 요정

오일러 요정

페르마 요정

가우스 요정

[모양 짝짓기]

1 같은 모양끼리 선으로 이어 보시오.

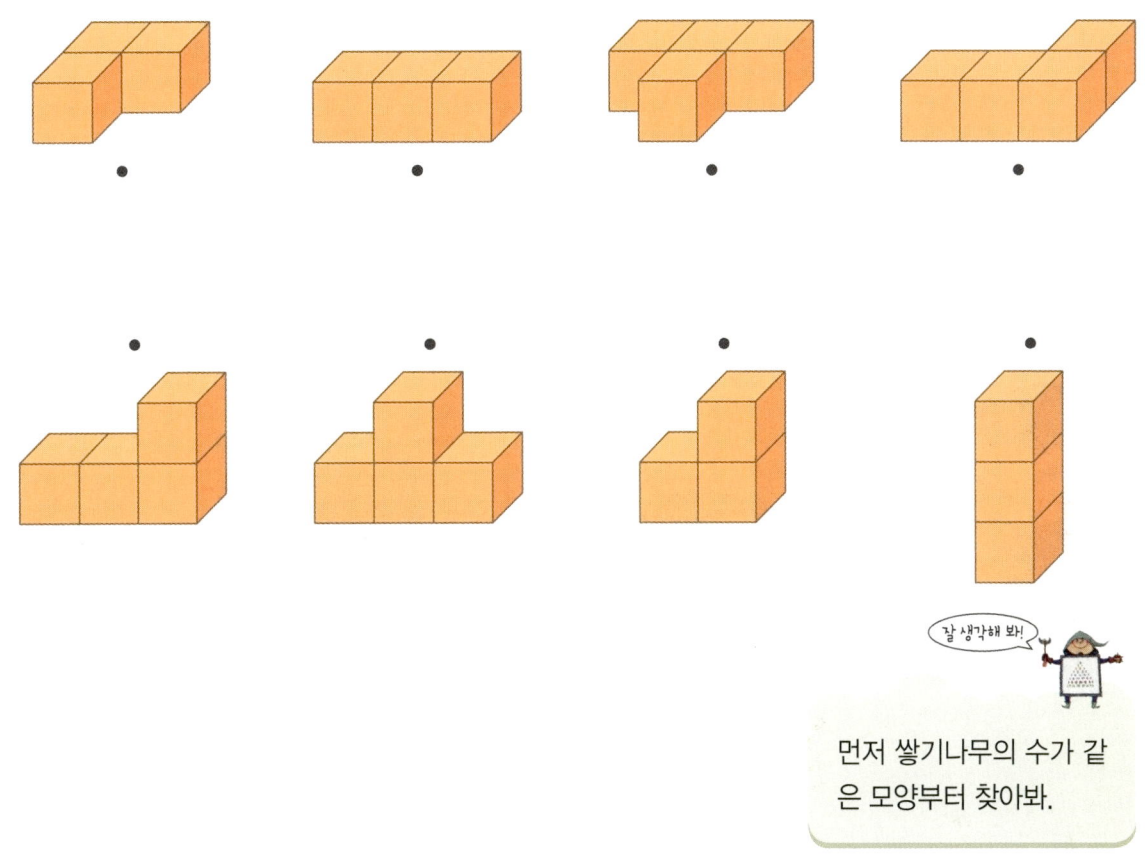

> 잘 생각해 봐!
>
> 먼저 쌓기나무의 수가 같은 모양부터 찾아봐.

[짝이 없는 모양 찾기]

2 똑같은 모양끼리 짝지을 때, 짝이 없는 모양을 찾아 ◯표 하시오.

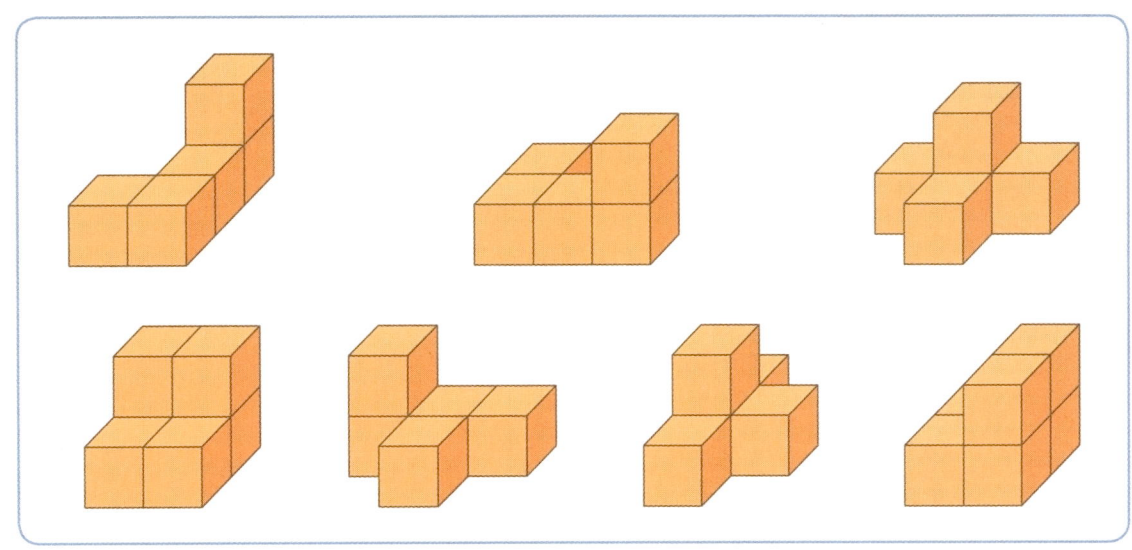

 **쌓기나무의 수**

태경이와 지오가 과자가 들어 있는 상자를 정리하고 있습니다. 태경이는 상자를 편한대로 여기저기에 흩어놓았고, 지오는 가지런히 쌓아놓았습니다.

상자를 정리하는 것도 힘든데 어느 세월에 정리까지 해. 그냥 편한대로 놓는 게 낫지.

아냐, 태경아. 이렇게 정리해서 놓으면 공간도 절약되고 상자의 수를 세기도 쉬워.

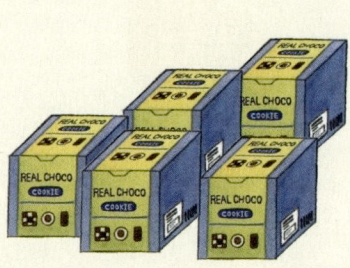
태경

지오

지오가 말한 대로 쌓기나무를 쌓은 모양을 찾아 ◯표 하시오.

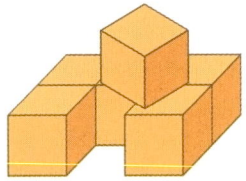
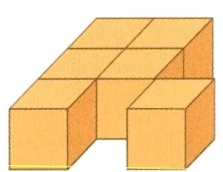
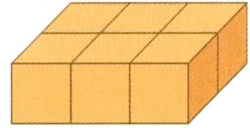

초이는 쌓기나무로 다음과 같은 재미있는 모양을 만들려고 합니다. 접착제로 붙이지 않으면 절대로 만들 수 없는 모양을 모두 찾아 ✕표 하시오.

노크 포인트

쌓기나무로 모양을 쌓을 때는 항상 면과 면이 서로 겹치게 쌓아야 하고, 바닥부터 차근차근 쌓아야 합니다.

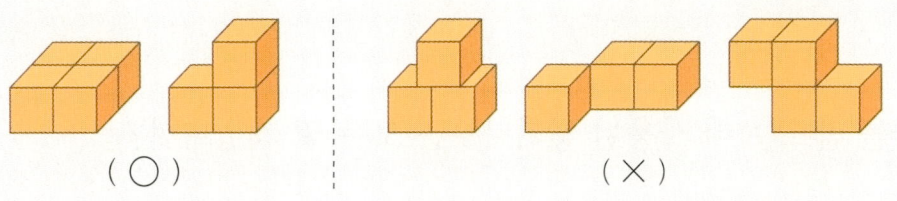

(○)　　　　　　(✕)

 **층별로 세기**

각 층에 쌓인 쌓기나무의 수를 세어 모양을 만드는 데 사용된 쌓기나무는 모두 몇 개인지 구해 봅시다.

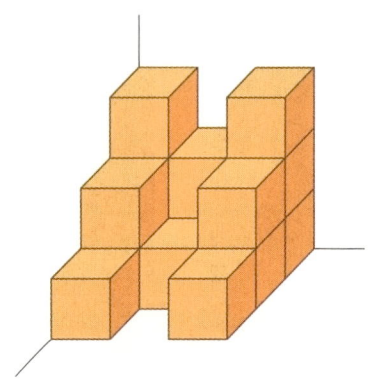

❶ 맨 밑에 있는 쌓기나무를 l층이라고 할 때, 주어진 모양은 모두 몇 층입니까?

❷ 모양을 층별로 나누어 나타내었습니다. 각 층에 있는 쌓기나무의 수를 세어 ☐ 안에 써넣으시오.

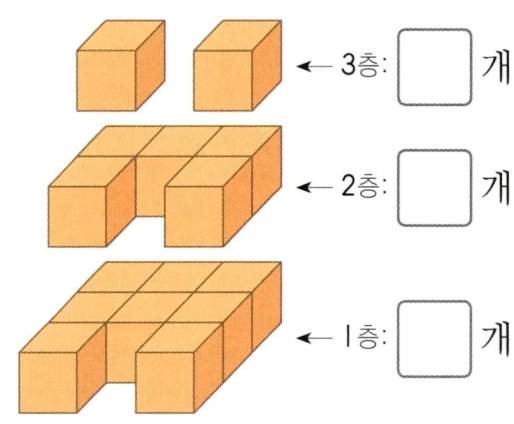

← 3층: ☐ 개

← 2층: ☐ 개

← l층: ☐ 개

❸ 위 모양을 만드는 데 사용된 쌓기나무는 모두 몇 개입니까?

1 다음 모양에서 2층에 있는 쌓기나무의 수를 구하시오.

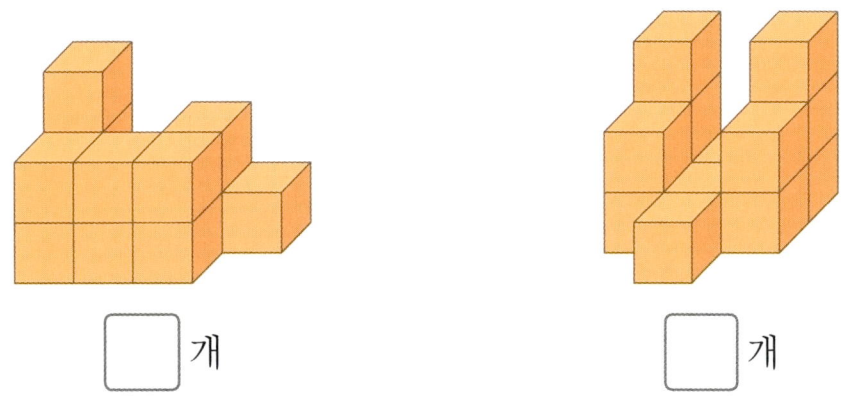

☐ 개   ☐ 개

[쌓기나무 탑 쌓기]

2 다음과 같은 규칙으로 쌓기나무를 쌓았습니다. 3층에 있는 쌓기나무가 5개일 때, 사용된 쌓기나무는 모두 몇 개입니까?

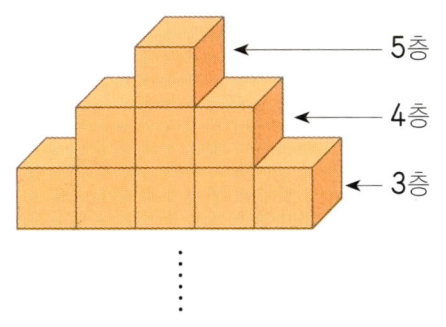

5층
4층
3층

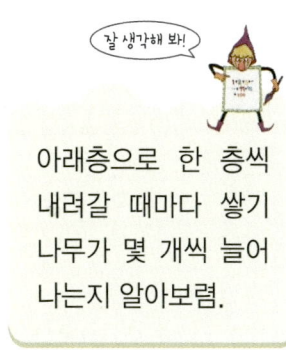

잘 생각해 봐!

아래층으로 한 층씩 내려갈 때마다 쌓기나무가 몇 개씩 늘어나는지 알아보렴.

🛡️ 자리별로 세기

각 자리에 쌓인 쌓기나무의 수를 세어 모양을 만드는 데 사용된 쌓기나무는 모두 몇 개인지 구해 봅시다.

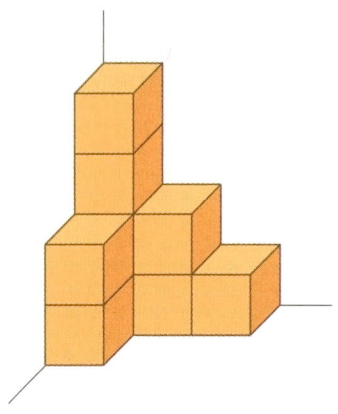

❶ 모양을 자리별로 나누어 나타내었습니다. 각 자리에 있는 쌓기나무의 수를 세어 ☐ 안에 써넣으시오.

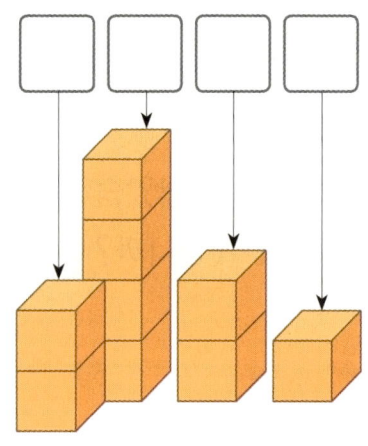

❷ 위 모양을 만드는 데 사용된 쌓기나무는 모두 몇 개입니까?

바닥이 넓게 퍼져 있지 않고 높게 쌓인 모양은 층별로 세는 것보다 자리별로 세는 것이 더 간단해.

1 각 자리에 쌓인 쌓기나무의 수를 바닥에 나타내었습니다. 다음 중 쌓기나무의 수에 맞는 모양의 기호를 쓰시오.

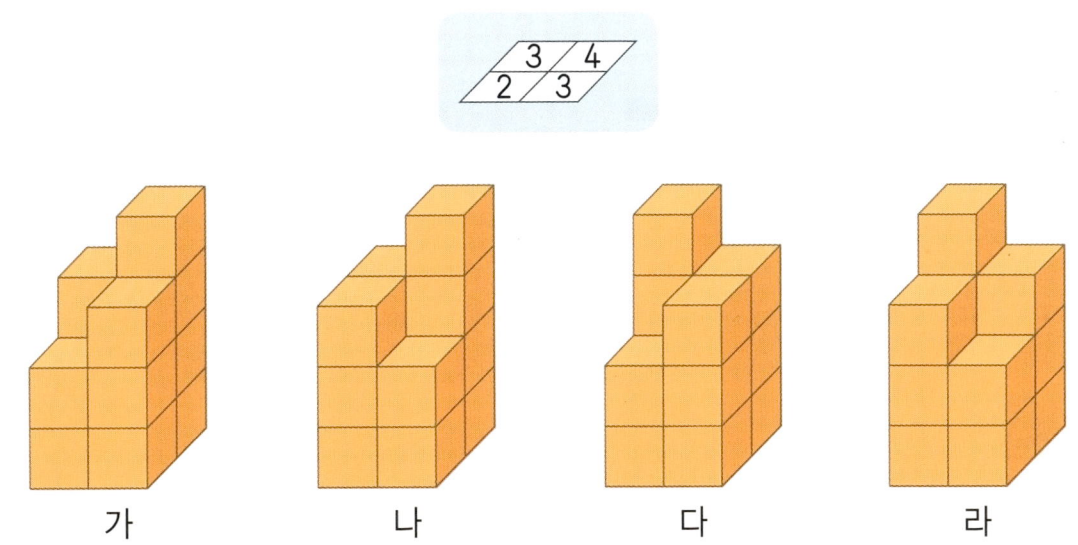

[쌓기나무의 최소 개수]

2 다음 모양을 만들려면 쌓기나무가 적어도 몇 개 필요합니까?

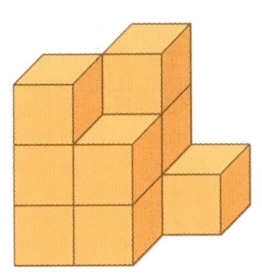

이것도 몰라!

맨 왼쪽 뒤 칸에는 쌓기나무가 없을 수도 있고, 1개나 2개일 수도 있지!

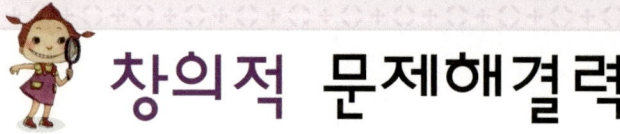
1 왼쪽 모양에서 쌓기나무를 1개씩 2번 옮겨서 오른쪽 모양을 만들었습니다. 빈 곳에 알맞은 모양을 모두 찾아 기호를 쓰시오.

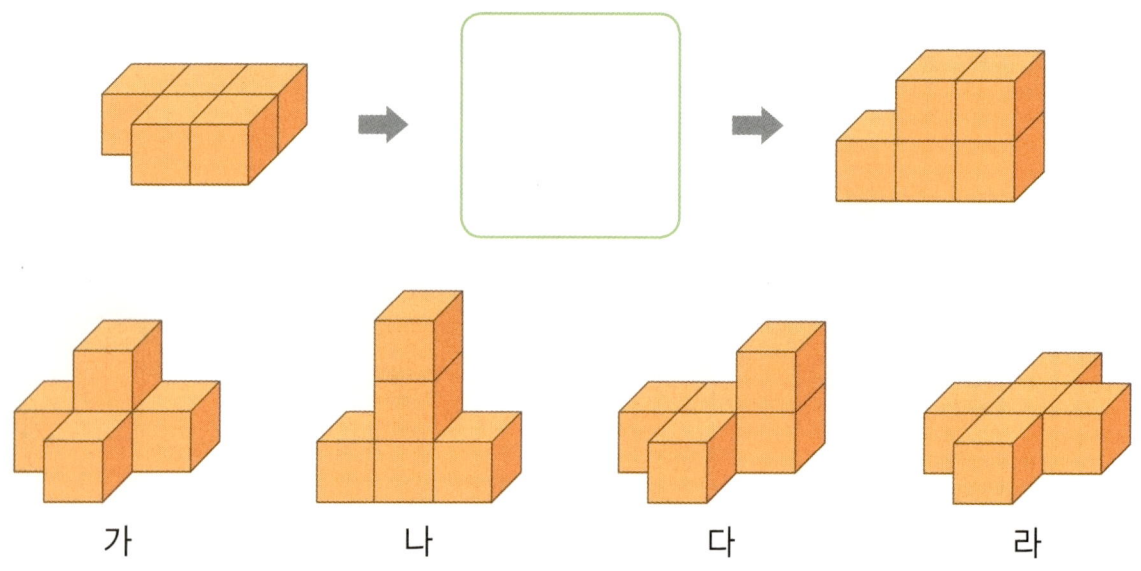

2 모양이 다른 하나를 찾아 ◯표 하시오.

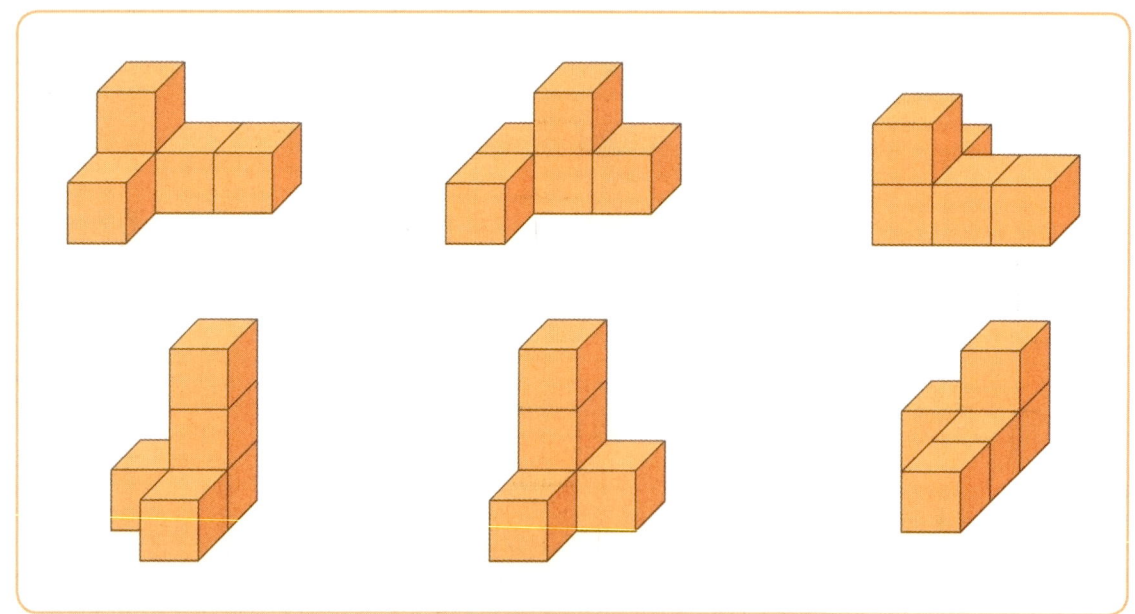

3 다음 모양을 만들려면 쌓기나무가 적어도 몇 개 필요합니까?

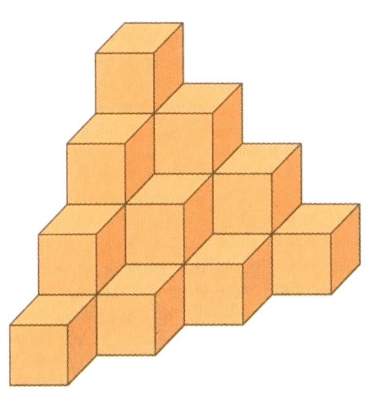

4 다음 중 쌓기나무의 수가 다른 모양의 기호를 쓰시오.

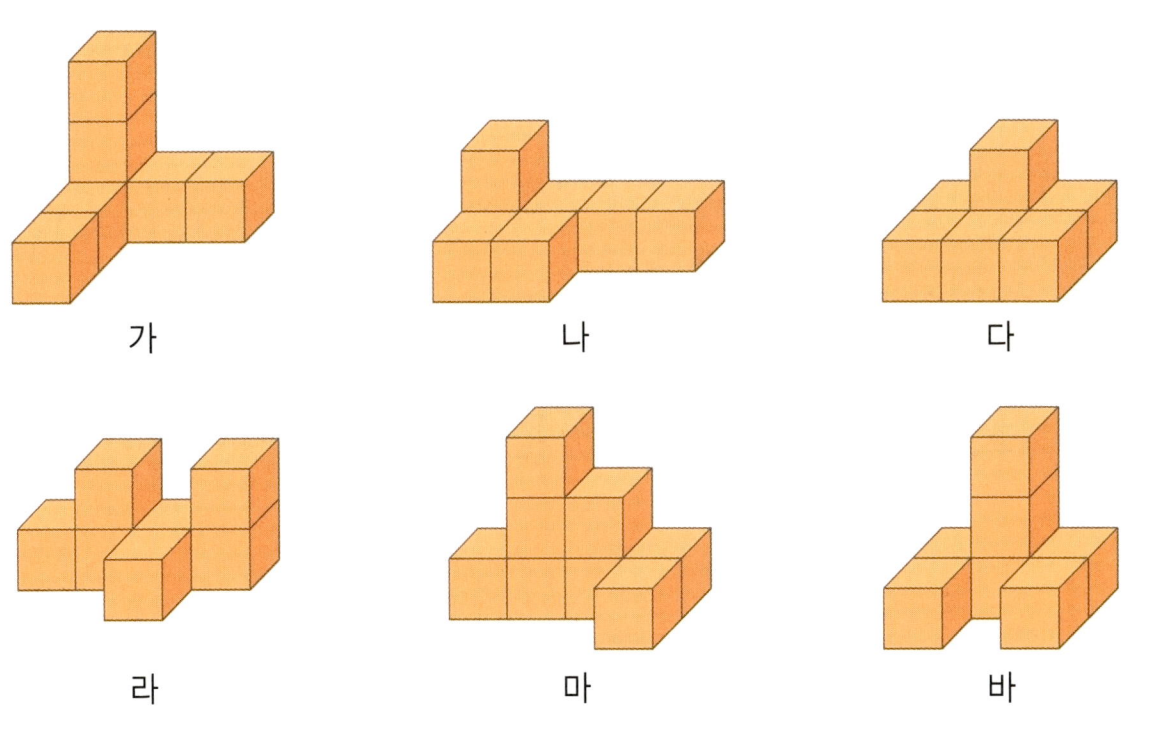

가   나   다

라   마   바

4 여러 방향 관찰

 **발자국 추적**

사람이나 동물이 진흙, 눈 등을 밟고 지나갈 때 생기는 발바닥의 모양을 발자국이라고 합니다.

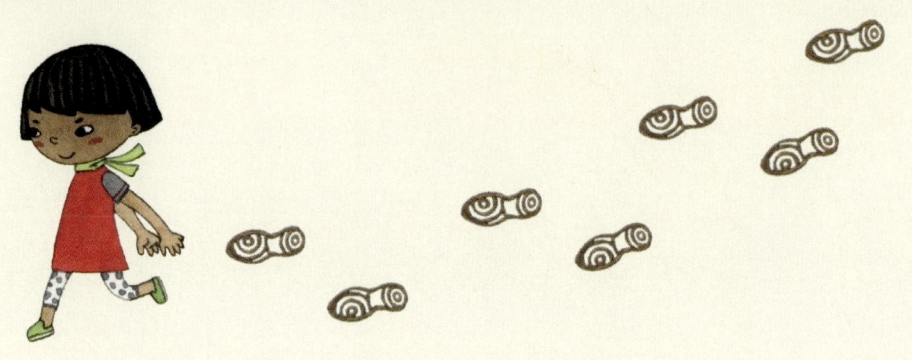

땅 위에 남은 발자국을 보고 발자국의 주인공인 동물을 찾아 선으로 이으시오.

다음은 입체 모양의 아래쪽 면에 물감을 칠한 다음 종이에 찍은 모습입니다.

같은 방법으로 입체 모양을 종이에 찍은 모습의 기호를 쓰시오.

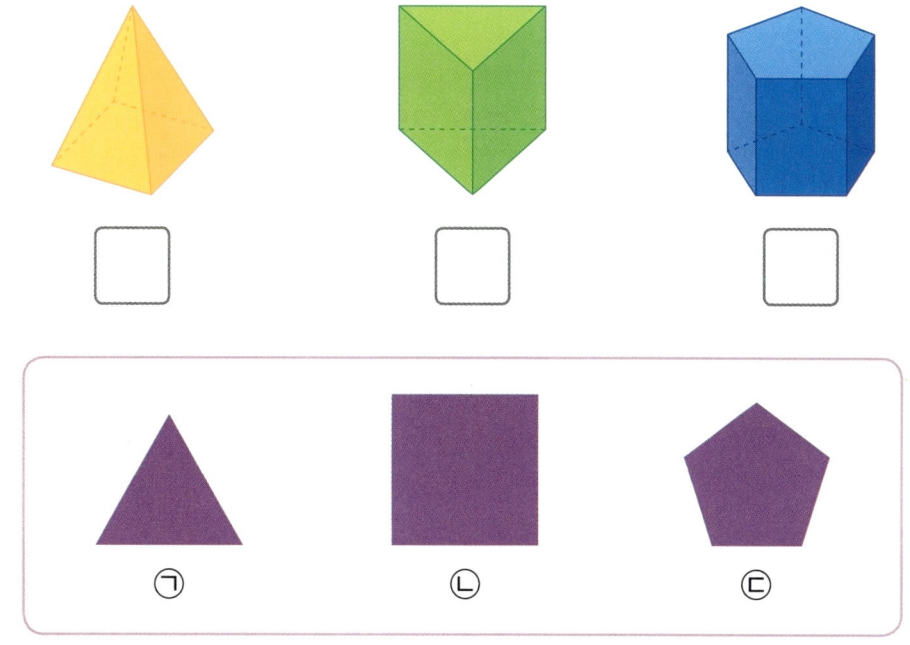

발자국과 같이 입체 모양을 바닥에 본뜬 모양을 그릴 수 있습니다.

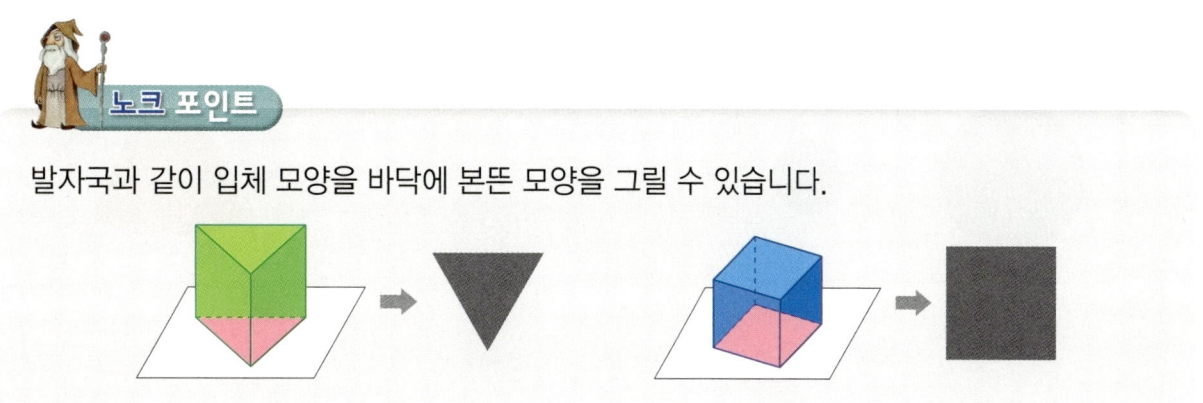

 여러 방향 발자국

다음은 입체 모양을 두 가지 방법으로 본을 뜬 것입니다.

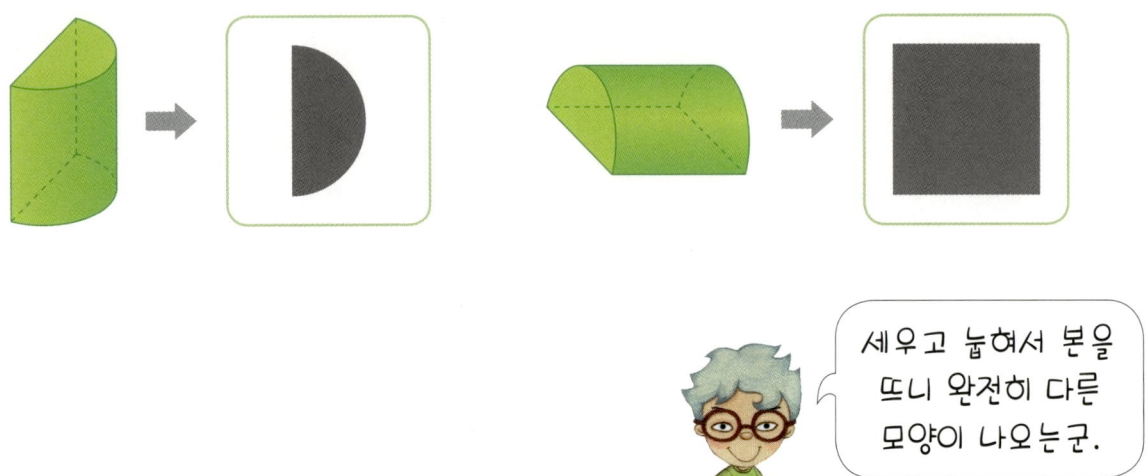

세우고 눕혀서 본을
뜨니 완전히 다른
모양이 나오는군.

같은 방법으로 입체 모양의 두 면을 본뜬 모양과 입체 모양을 선으로 이어 보시오.

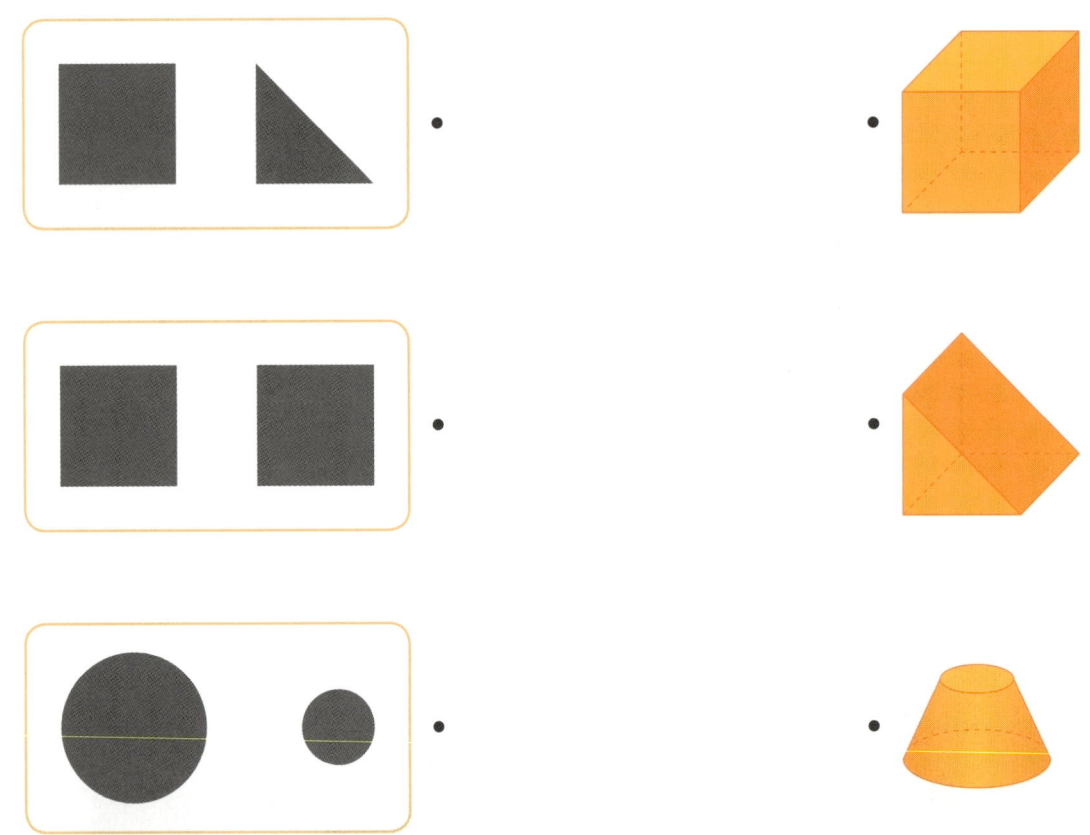

[발자국 찍기]

1 다음 입체 모양의 아래쪽에 있는 면으로 도장을 찍었을 때 나오는 모양의 기호를 쓰시오.

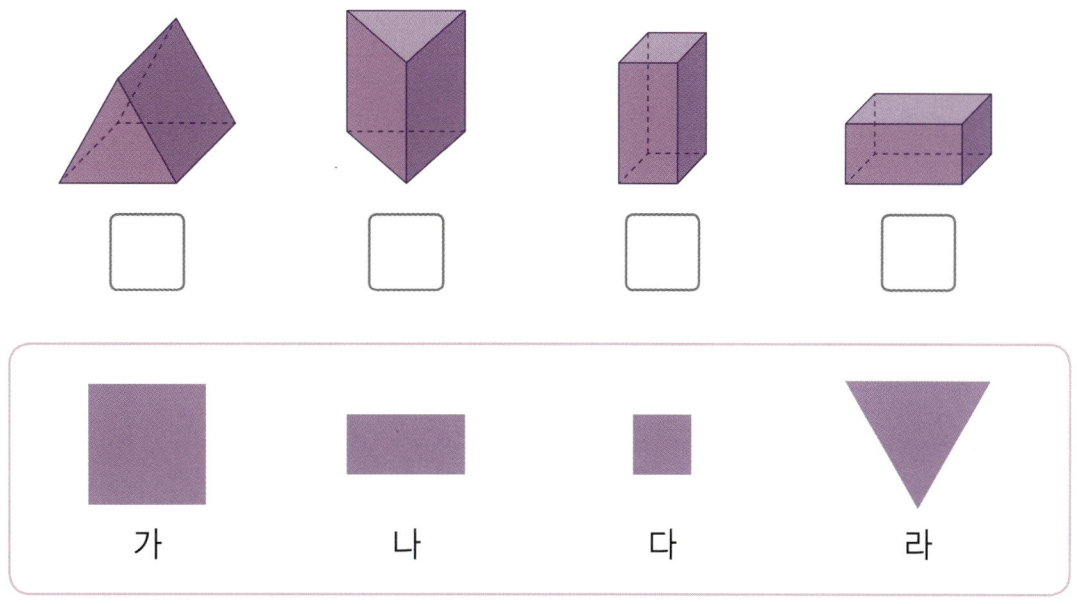

[나올 수 없는 본뜬 모양]

2 왼쪽 입체 모양을 여러 방향으로 본뜰 때 나올 수 없는 모양을 찾아 ✕표 하시오.

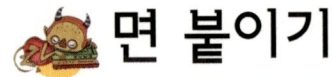 면 붙이기

나무 도막의 모든 면을 색종이로 빈틈없이 붙이려고 합니다. 필요한 색종이의 종류와 수를 각각 구해 봅시다.

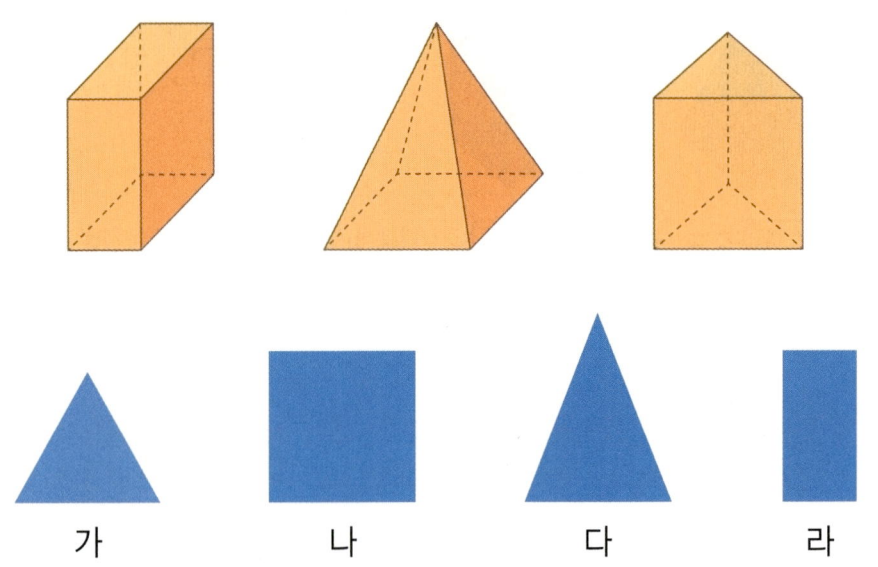

가   나   다   라

❶ 🟧 모양은 똑같은 모양의 색종이 4장과 또다른 똑같은 모양의 색종이 2장이 필요합니다. 두 종류의 색종이를 각각 찾아 기호를 쓰시오.

☐ : 4장   ☐ : 2장

❷ 🔺 모양은 똑같은 모양의 색종이 4장과 또다른 똑같은 모양의 색종이 1장이 필요합니다. 두 종류의 색종이를 각각 찾아 기호를 쓰시오.

☐ : 4장   ☐ : 1장

❸ 🏠 모양은 똑같은 모양의 색종이 3장과 또다른 똑같은 모양의 색종이 2장이 필요합니다. 두 종류의 색종이를 각각 찾아 기호를 쓰시오.

☐ : 3장   ☐ : 2장

1 다음 색종이로 모든 면을 붙일 수 있는 입체 모양의 기호를 쓰시오.

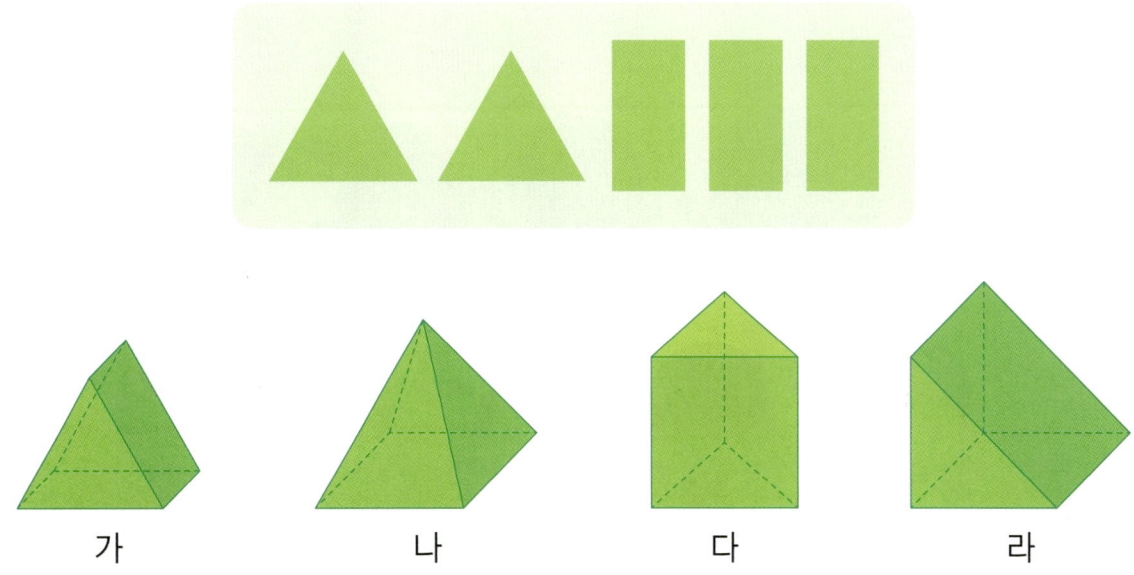

2 나무 도막의 모든 면을 붙일 수 있는 색종이가 있는 칸을 모두 지나면서 미로를
빠져나가 보시오.

11 그림자 단서

태경이와 친구들이 벽에 비치는 자신들의 그림자를 보며 즐거워합니다.

태경   초이   지오   아인

다음은 두 명이 겹쳐 있는 그림자입니다. 누구의 그림자인지 이름을 써넣으시오.

손전등으로 여러 입체 모양을 앞에서 비추었을 때 만들어진 그림자를 그려 보시오.

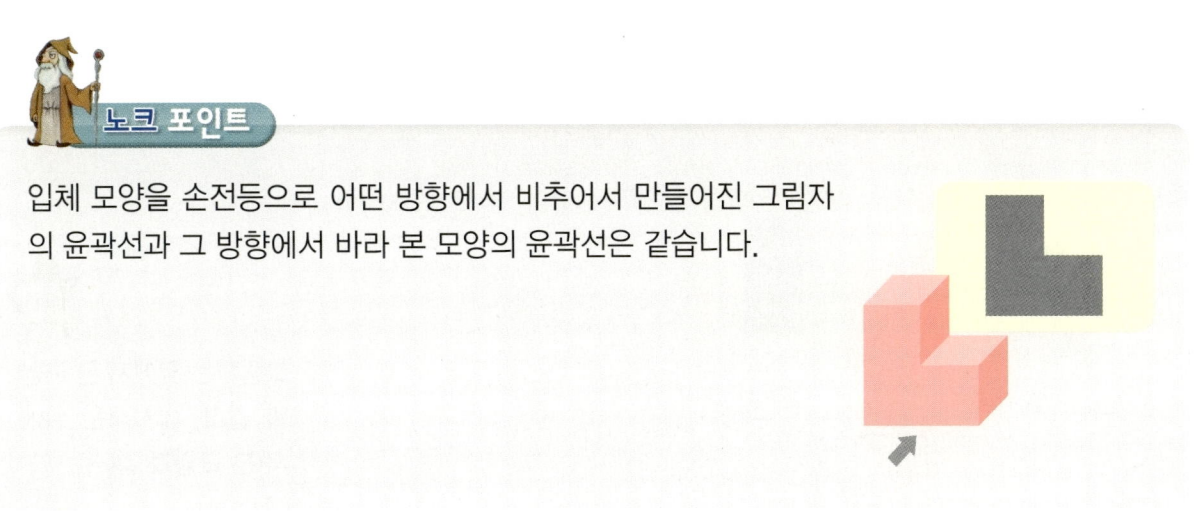

노크 포인트

입체 모양을 손전등으로 어떤 방향에서 비추어서 만들어진 그림자의 윤곽선과 그 방향에서 바라 본 모양의 윤곽선은 같습니다.

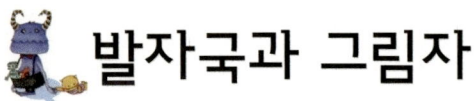 발자국과 그림자

다음은 입체 모양의 발자국과 옆에서 본 그림자를 나타낸 것입니다.

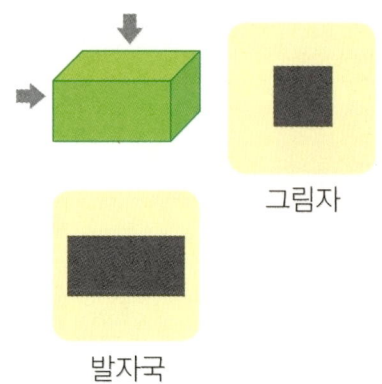

그림자

발자국

발자국과 옆에서 본 그림자를 보고 알맞은 입체 모양의 기호를 쓰시오.

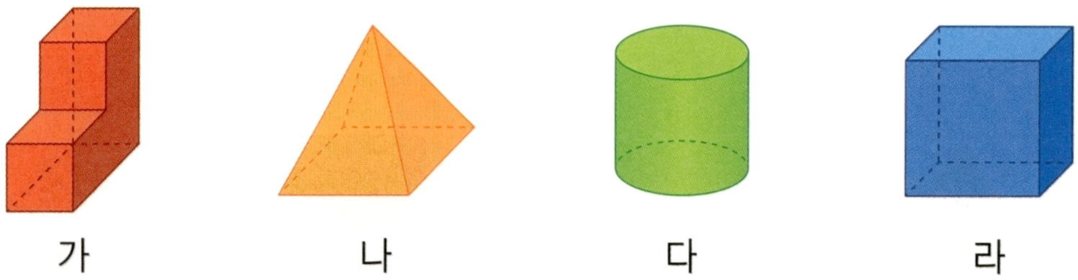

가　　　　　나　　　　　다　　　　　라

①

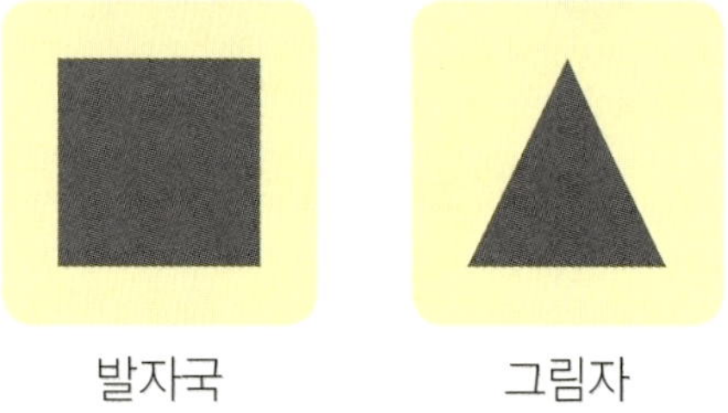

발자국　　　　　그림자

②

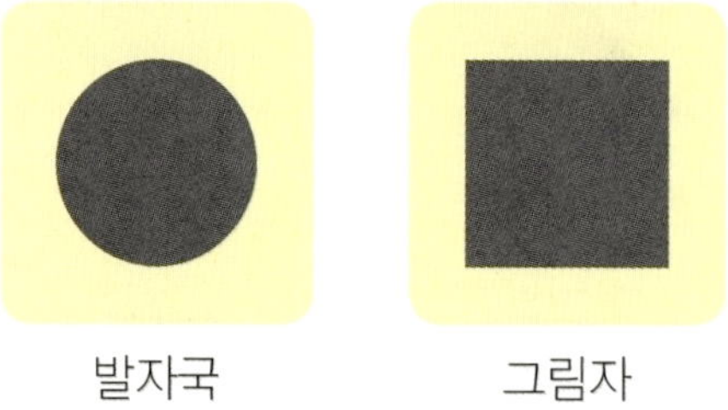

발자국　　　　　그림자

③

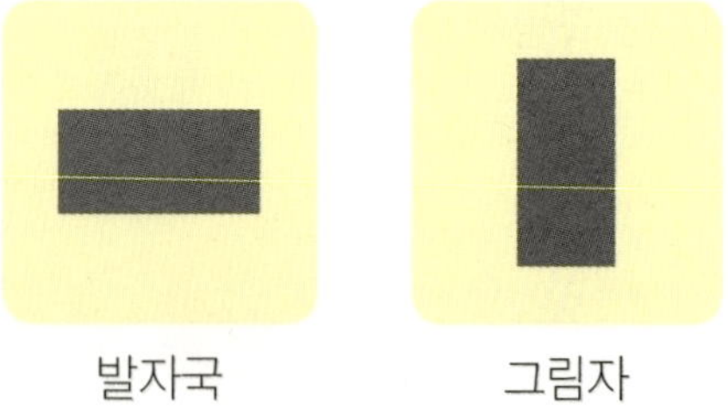

발자국　　　　　그림자

> 잘 생각해 봐!
>
> 그림자는 옆에서 본 모양과 같고, 발자국은 위에서 본 모양과 같아.

[항상 같은 그림자]

1 다음 중 손전등으로 어느 방향에서 비추어도 그림자의 모양과 크기가 항상 같은 입체 모양의 기호를 쓰시오.

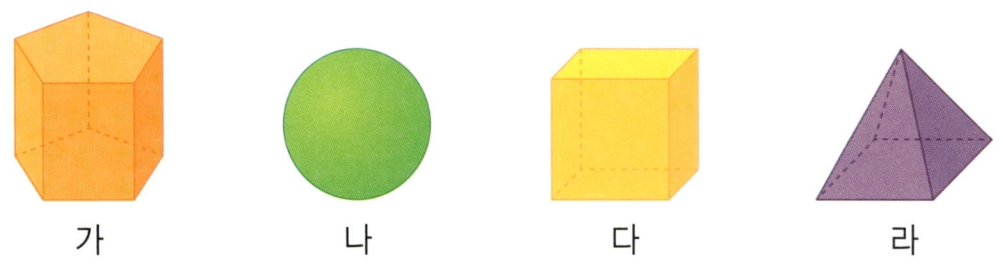

가   나   다   라

[발자국과 그림자]

2 다음 입체 모양의 발자국과 옆에서 본 그림자를 각각 그려 보시오.

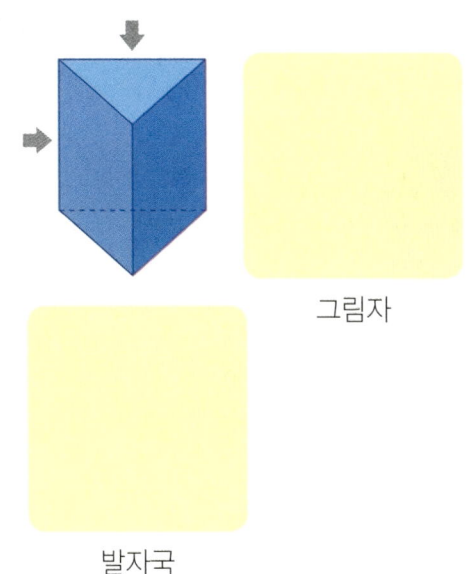

그림자

발자국

그림자 쌓기

다음 모양을 앞에서 본 그림자를 각각 그려 봅시다.

1

그림자

이 모양은 구멍이 뻥 뚫려 있어서 뒤를 볼 수 있어.

2

그림자

잘 생각해 봐!

각 블록을 앞에서 본 그림자를 위아래로 이어 붙여서 그려 봐.

1 다음 모양을 옆에서 본 그림자의 기호를 쓰시오.

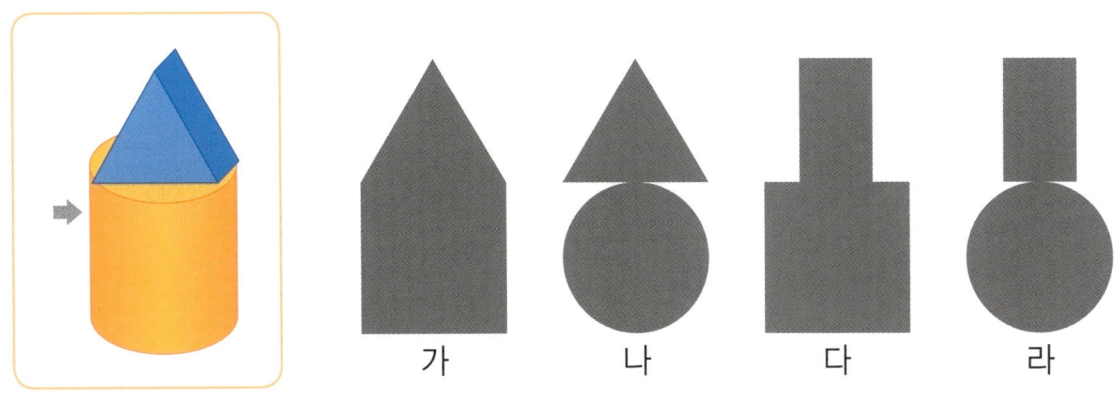

2 다음 중 앞에서 본 그림자와 옆에서 본 그림자가 서로 다른 모양의 기호를 쓰시오.

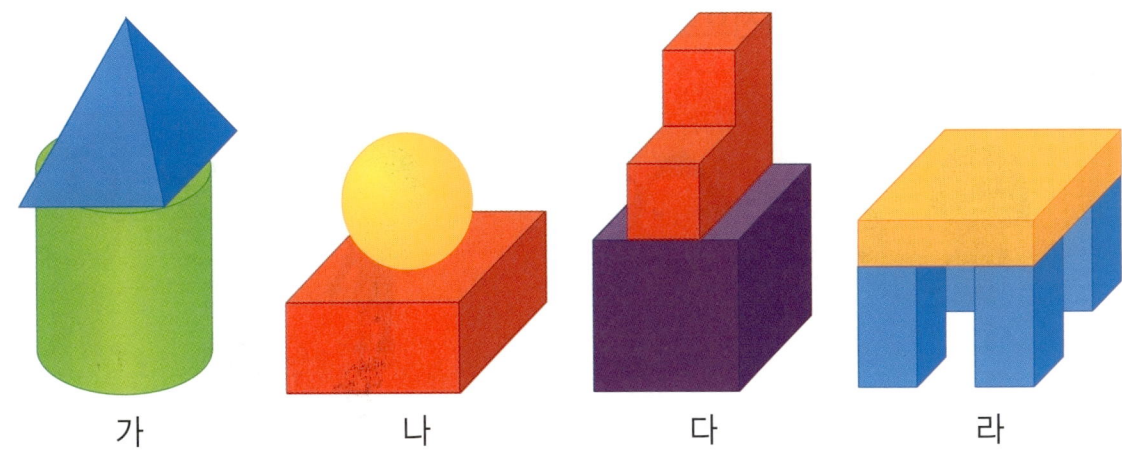

12 여러 방향에서 본 모양

아인이가 친구들의 사진을 찍어 주고 있습니다.

난 오른쪽에 나오고 싶은 데 왼쪽이네.

어쨌든 내가 가운데에 있으니 난 만족!

자, 찍는다. 하나, 둘, 셋, 치즈!

지오야. 사진에서는 방향이 반대일 거야.

다음 중 아인이가 찍은 사진으로 알맞은 것을 찾아 ◯표 하시오.

모자를 다음과 같이 여섯 방향에서 본 모습을 찾아 ☐ 안에 기호를 써넣으시오.

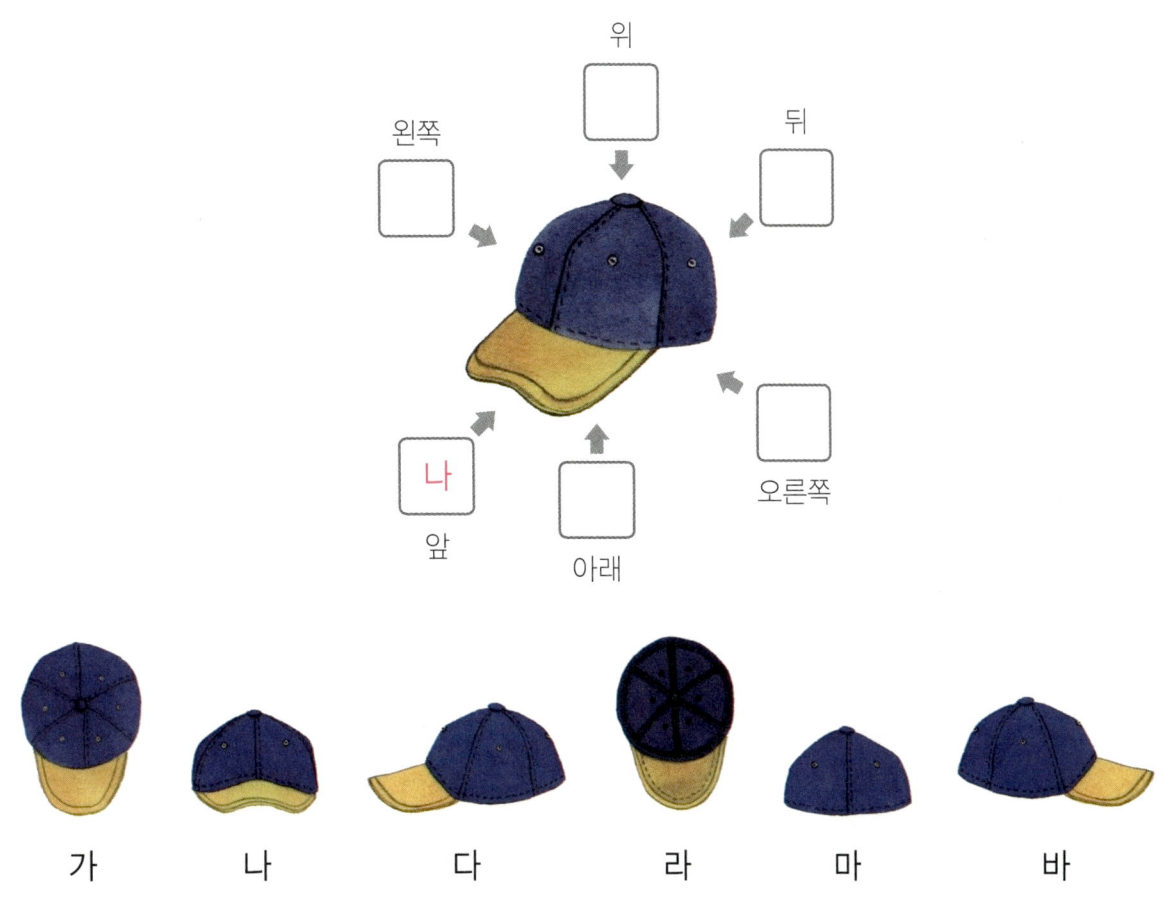

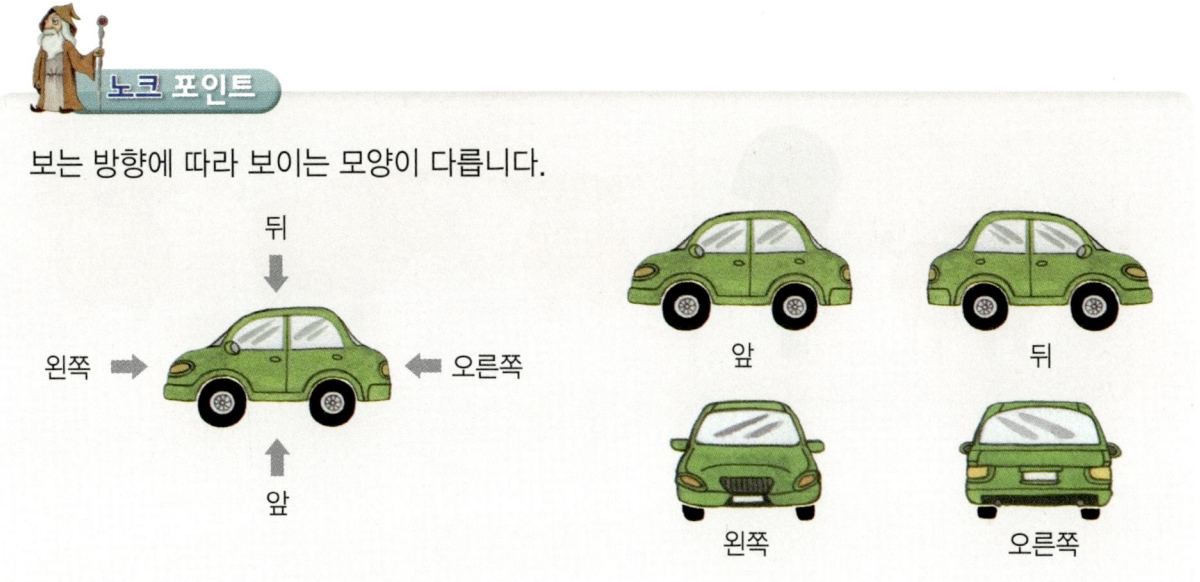

4면 관찰

초이가 여러 방향에서 돼지를 보고 있습니다. 초이가 보는 돼지의 모습을 찾아 ◯표 해 봅시다.

❶

❷

❸

[주전자 관찰]

1 아인이가 보는 주전자 모양의 기호를 쓰시오.

가

나

다

라

[음료수 캔이 놓인 방향]

2 음료수 캔을 위에서 본 모양이 왼쪽과 같습니다. 이 음료수 캔을 정면에서 보았을 때, 약간 위에서 본 모양의 기호를 쓰시오.

정면

가

나

다

라

잘 생각해 봐!

캔 따개의 모양을 잘 살펴 보렴.

멀거나 가깝거나

아인이와 친구들이 여러 방향에서 탁자 위에 있는 물건을 보고 있습니다. 친구들이 본 모양을 찾아 선으로 이어 봅시다.

태경

아인

초이

지오

•   •   •   •

•   •   •   •

이것도 몰라!

초이가 보는 모양은 그림의 모양과 같아.

1 지오가 탁자 위에 있는 물건을 본 모양의 기호를 쓰시오.

가

나

다

라

[관찰 방향 찾기]

2 다음과 같은 입체 모양을 탁자 위에 올려놓고 본 모양입니다. 어느 방향에서 본 것인지 알맞은 방향의 화살표를 찾아 ◯표 하시오.

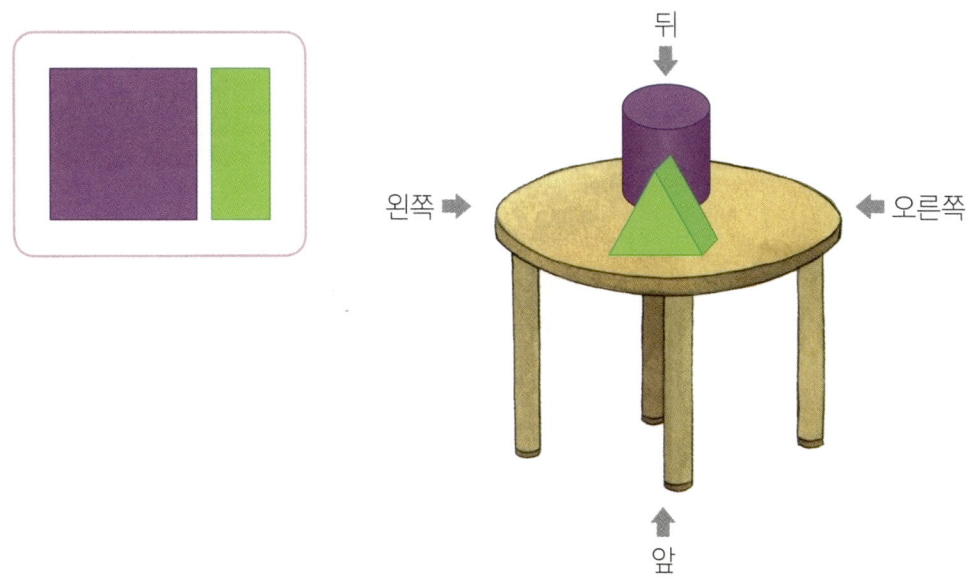

1 왼쪽 입체 모양을 여러 방향으로 본뜰 때 나올 수 없는 모양을 찾아 ✕표 하시오.

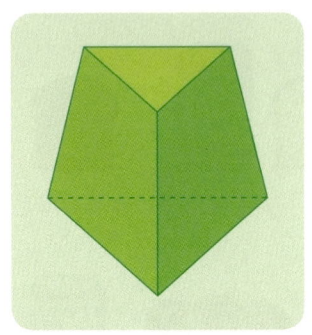

2 햇빛에 비친 막대의 그림자로 가장 알맞은 것을 찾아 ◯표 하시오.

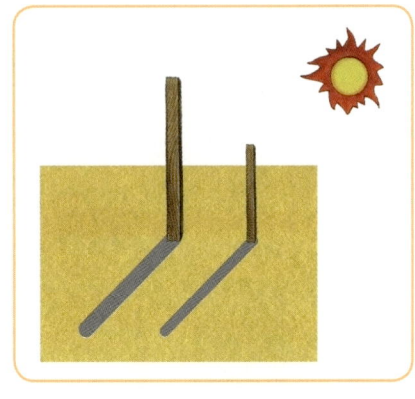

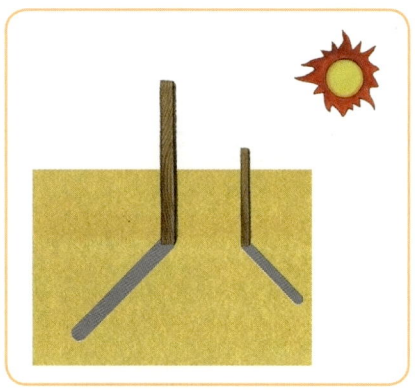

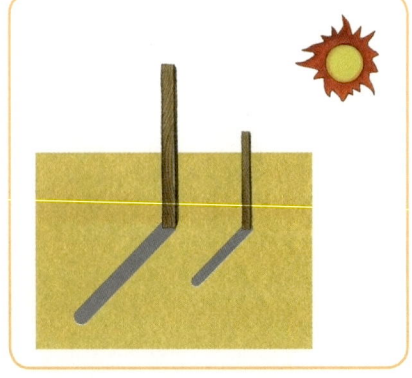

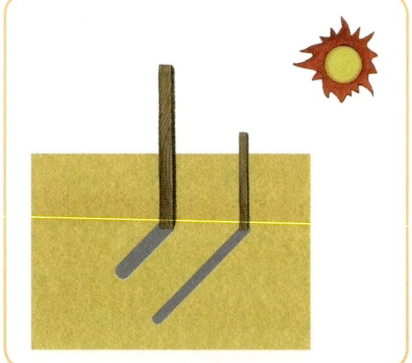

3 다음 입체 모양의 발자국과 옆에서 본 그림자를 각각 그려 보시오.

그림자

발자국

4 주사위의 마주 보는 눈의 합은 7입니다. 다음과 같이 위쪽에 Ⅰ, 오른쪽에 3, 앞쪽에 2가 오도록 주사위 3개를 놓았을 때, 화살표 방향에서 본 주사위의 눈의 합을 구하여 ☐ 안에 써넣으시오.

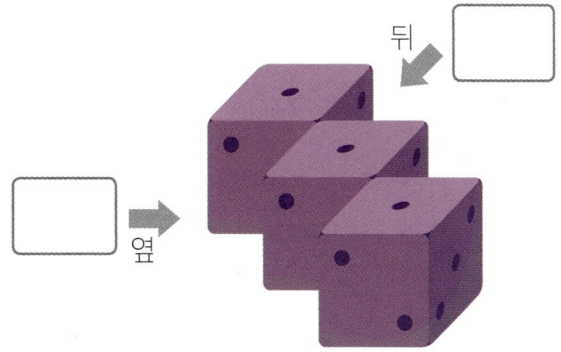

뒤

옆

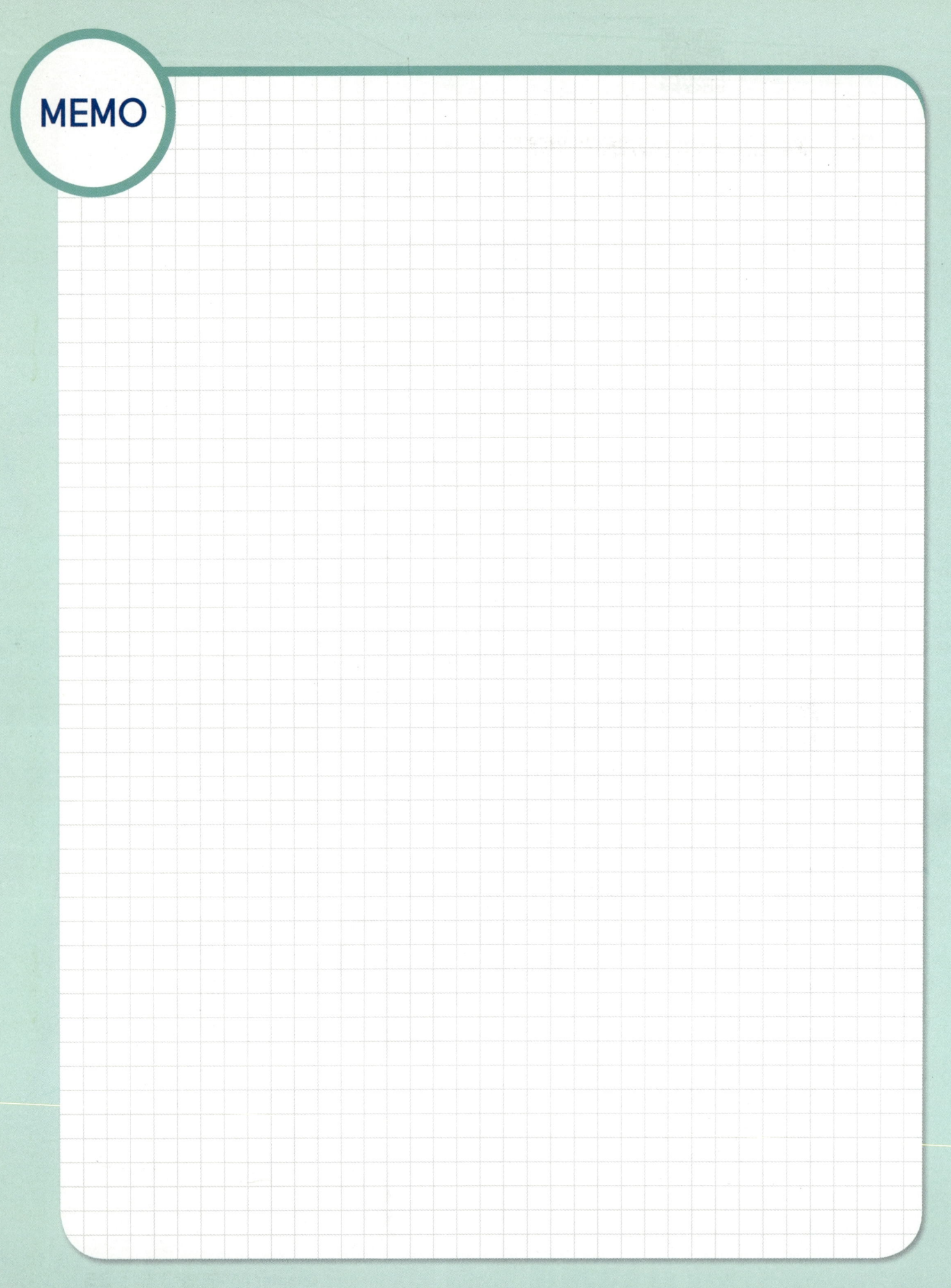

MEMO